Elmar Simma
Wenn Gott uns heimführt

Elmar Simma

Wenn Gott uns heimführt

STERBEN · BEGRÄBNIS · TRAUER

Tyrolia-Verlag · Innsbruck-Wien

Das Autorenhonorar fließt zur Gänze der Pfarrcaritas Vorarlberg zu.

Mitglied der Verlagsgruppe „engagement"

Bibliografische Information Der Deutschen Bibliothek
Die Deutsche Bibliothek verzeichnet diese Publikation in der Deutschen
Nationalbibliografie; detaillierte bibliografische Daten sind im Internet
über <http://dnb.ddb.de> abrufbar.

2. Auflage 2005
© Verlagsanstalt Tyrolia, Innsbruck
Umschlaggestaltung: unisono Werbeagentur, Innsbruck
Fotos: Nikolaus Walter, Feldkirch
Layout: Tyrolia-Verlag, Innsbruck
Druck und Bindung: MA-Tisk, Slowenien
ISBN 3-7022-2535-8
E-Mail: buchverlag@tyrolia.at
Internet: www.tyrolia.at

Inhalt

Vorwort

Wohl für jeden Menschen ist es eine Herausforderung und Belastung, die Lebensgrenzen zu spüren, hin und her gerissen zu sein zwischen Hoffen und Bangen, zuschauen zu müssen und nichts tun zu können, die Ohnmacht und Hilflosigkeit auszuhalten, die Trauer zuzulassen.

Jede Krankheit, jedes Sterben ist eine ganz existenzielle Grenzerfahrung, sowohl für die Menschen, die selbst diese Prozesse durchmachen, durchleiden, als auch für die Angehörigen und Nahestehenden, die genauso – und manchmal noch stärker – Betroffene sind.

In diesen Situationen wird der Ruf nach Gott lebendig: bittend, fragend, anklagend, oder auch dankbar und hoffnungsvoll.

„Die Grenze des Menschen ist stets das Einbruchstor Gottes."
(Gertrud von Le Fort)

Diese Erfahrung habe ich schon sehr oft gemacht, im Blick auf mich selbst oder auch auf andere. Zudem wird bei all diesen Lebensübergängen der Wunsch nach heilenden und tröstenden Ritualen laut.

Dieses Buch will eine Hilfe sein, das „Einbruchstor" zu Gott offen zu halten. Die Anregungen für die Verabschiedung von Sterbenden und Toten und zur Gestaltung der Trauer sollen Mut machen, nach eigenen passenden Ritualen und Formen zu suchen.

Der Bogen dieses Buches spannt sich von Gebeten für Kranke über die einzelnen Stationen im Sterbe- und Trauerprozess bis hin zu vielen Texten und Zitaten, die beim konkreten Anlass schnell gebraucht werden.

Elmar Simma
Feldkirch, im Winter 2004

1. Gebete für Kranke und mit Kranken

Wie wird es weitergehen?

Menschen, die schwer krank sind, können oft kaum oder gar nicht mehr beten. In dieser Situation ist das Herz voll von schweren Gedanken, hoffnungsvolle Phasen wechseln mit düsteren, schweren. Der körperliche Zustand drückt auf die Seele, auch das Denken ist eingeengt auf die existenziellen Fragen: Wie wird es weitergehen? Warum gerade ich? Vielleicht doch nicht!? Muss ich sterben? Bekomme ich eine Frist? Gott, wo bist du? Warum hilfst du nicht? Was ist mit meiner Familie, mit den Kindern, mit der Partnerin, dem Partner? Wie geht es im Geschäft und finanziell weiter? Werde ich noch einmal arbeiten

können? Werde ich ein Pflegefall? Was kommt noch alles? Wie lange geht es noch?

Wie soll ein Mensch beten können, der in Schmerzen, Übelkeit oder anderen belastenden Symptomen gefangen ist? Manche Patienten klagen, dass sie nicht einmal mehr ein Vaterunser zusammenbringen, ein paar kurze Stoßgebete sind das noch einzig Mögliche.

Es ist für viele ein Trost, dass auch Christus am Kreuz sterbend geschrien hat: „Mein Gott, warum hast du mich verlassen?"(Mk 15,34). Nicht allen gelingt es, dann doch zu sagen: „Vater, in deine Hände lege ich meinen Geist" (Lk 23,45).

Der Glaube kann ein Halt sein

In schwerer Erkrankung kann der Glaube ein Halt sein, aber durchaus nicht immer. Es belastet gerade gläubige Menschen zusätzlich, dass ihnen selbst das Glauben und Beten schwer fällt, dass es in ihrem Herzen dunkel ist und Gott weit weg scheint.

Deshalb ist es nötig, ganz behutsam den Weg der Kranken mitzugehen, ohne ihnen Gott oder Gebete aufzudrängen. Oft muss man feinfühlig spüren und fragen, ob die Patienten überhaupt für Worte oder Zeichen des Glaubens ansprechbar sind. Auf alle Fälle ist jedes Missionieren am Krankenbett zu unterlassen. Das ohnmächtige Aushalten einer Krankheitssituation, das betroffene Schweigen mit den Kranken und bei ihnen ist sicher besser als irgendein „frommer" Trost oder gar aufdringliches Beten.

Dennoch gibt es auch die Erfahrung, dass Kranke, vor allem, wenn sie dazu noch fähig sind oder es ihnen wieder ein bisschen besser geht, gerne das eine oder andere Gebet lesen, gerade weil ihnen eigenes Beten nicht mehr gelingt. Zudem kann ein vorformuliertes Gebet oder ein Satz daraus ein Anstoß sein, doch ein wenig mit den eigenen Gedanken und Worten weiterzubeten.

Not und Segen des Gebetes

Manchmal sind Kranke froh, wenn ihnen jemand ein passendes Gebet vorliest oder vorspricht. Es gibt die Not und den Segen des Gebetes. Das erfahren besonders schwer Erkrankte. In diesem Sinn sollen auch die folgenden Gebete verstanden werden.

Dir vertraue ich mich an
Gott, hörst du mich?
Ich bin krank und leide.
In meinem Herzen ist es dunkel.

Die Frage bohrt in mir: Warum?
Hilf mir. Richte mich auf.

Lass mich glauben,
dass du da bist.
dass du mich führst,
dass du es gut meinst mit mir.
Auch wenn ich vieles nicht verstehe, vertraue ich mich dir an.
Auch wenn ich dich nicht spüre und dich nicht sehe,
lege ich mich in deine Hand.

Gib mich ganz zu Eigen dir

Mein Herr und mein Gott,
nimm alles von mir,
was mich hindert zu dir.
Mein Herr und mein Gott,
gib alles mir, was mich fördert zu dir.
Mein Herr und mein Gott,
nimm mich mir
und gib mich ganz zu Eigen dir.

(Nikolaus von der Flüe)

Du, mein Herr und mein Gott,
von dir kommt mein Leben.
Du sagst ja zu mir.
Du hast mich gehalten und geführt bis jetzt.
Mein Name ist in deine Hände geschrieben
und in dein Herz eingegraben.
Du hast mir deine Liebe zugesagt.
Darum glaube ich, dass du mich nicht vergisst.
Das macht mich getrost und ruhig
in meinem Leid, in meiner Not.
Ich darf dir ganz vertrauen,
auch wenn ich nicht weiß, was du mit mir vorhast
und wie es morgen weitergehen wird.
Lass deine Sonne immer neu für mich aufgehen.

Gott, von dir kommt mein Leben.

Ich übergebe dir meine Angst.
Du, Herr, sorgst für mich.
Darum übergebe ich dir meine Angst.
Du gehst mit mir durch alles,
was mein Herz eng macht.
Du stillst den Durst meiner Seele.
Du bist mit mir auf dem Weg.
So will ich tapfer durch das Dunkel gehen,
denn du bist bei mir.
Das macht mich sicher.
Du hältst mich, auch jetzt in der Krankheit.
Ich kann bei dir alles Schwere loslassen.
Alle Tage meines Lebens bin ich umfangen
von deiner Treue.
Bei dir darf ich sein, heute und immer.

Du bist bei mir

(nach Psalm 23)

Licht der Hoffnung

Gott, ich habe Angst,
abgrundtief.
Vergiss mich nicht und hilf mir.
Schenke mir ein Licht der Hoffnung.
So vieles möchte ich noch tun
und kann es nicht.
Gib mir die Kraft anzunehmen,
was auf mich zukommt.
Gib mir die Kraft zu sagen:
Dein Wille geschehe,
auch wenn es mir schwer fällt.
Ich lege mich in dich hinein
wie in eine große Hand.

Gott, sei du bei mir

Gott, sei du bei mir,
dann brauche ich nichts zu fürchten;
sei du in mir,
dann finde ich Frieden;
sei du um mich,
dann bin ich geborgen;
sei du vor mir,
dann bin ich geführt;
sei du über mir,
dann bin ich sicher! –

Es segne mich Gott, der Vater,
der mich erschaffen;
es segne mich Gott, der Sohn,
der mich erlöst und begleitet;
es segne mich Gott, der Heilige Geist,
der mich stärkt und tröstet.

Herr, wenn ich mutlos und traurig bin,
dann nimm Du mich mit!
Wenn ich frage, suche und zweifle
und die Wege nicht mehr unterscheide,
dann nimm Du mich mit!
Wenn ich müde und kaputt bin und denke,
dass es nicht mehr geht,
dann nimm Du mich wie Elias bei der Hand
und führe Du mich!
Wenn ich alles selber machen will,
bockig und trotzig bin,
dann nimm Du mich mit!
Wenn ich den Weg der Verheißung nicht mehr gehe,
Dir und mir in den Füßen stehe,
dann nimm Du mich mit!
Wenn die Liebe mir schwer fällt
und ich mich nicht mehr bücken will,
dann musst Du mir mit Deiner Liebe aushelfen.
Du, ich verlass mich auf Dich, nimm mich einfach mit!

(P. Matthias Utters)

In dir sein, Herr, das ist alles

Mein Gott, zu dir rufe ich.
In mir ist es finster, aber bei dir ist das Licht.
Ich bin einsam, aber du verlässt mich nicht.
Ich bin kleinmütig, aber bei dir ist die Hilfe.
Ich bin unruhig, aber bei dir ist der Friede.
In mir ist Bitterkeit, aber bei dir ist die Geduld.
Ich verstehe deine Wege nicht,
aber du weißt den Weg für mich.

(Carl Lampert)

Bei dir, Gott, ist Licht

**Gott, ich kann
nicht mehr**

Gott, ich kann nicht mehr,
ich will nicht mehr.
Schwere Gedanken setzen mir zu,
sie verwirren mich;
ich sorge mich, was mit mir ist:
Vergangenes belastet,
Zukünftiges ist dunkel,
die Gegenwart ist trostlos.
Verscheuche das Dunkel in mir.
Lass dein Angesicht leuchten über mir.
Schenke mir Frieden des Herzens
und den Frieden für meine Familie.
Nimm mich in deine gute Hand.
Dann kann ich getrost mich fallen lassen.

**Ich rufe aus
dem Dunkel**

Guter Gott,
ich rufe aus dem Dunkel
meiner Krankheit, meiner Fragen,
meiner Sorgen und meines Sterbens.
Du weißt, was ich nötig habe.
Du liebst mich, auch wenn du mir ferne scheinst.
Du umhüllst mich mit deiner Liebe,
auch wenn ich deine Nähe nicht spüre.
Bewahre mich in deiner Hand,
in deiner Sorge, in deiner Zuwendung.
Dann bin ich geborgen.
Segne mich und erbarme dich meiner,
du Vater, du Sohn, du Heiliger Geist.
Amen.

Gott, ich spüre, dass ich loslassen muss.
Das Leben zerrinnt mir.
Hilf mir, dass ich loslassen kann:
meine Fragen und Sorgen,
meine schweren Gedanken, meine Verletzungen,
meine Familie, meine Angehörigen,
(meine Kinder, meine Partnerin, meinen Partner),
meine Ängste, mein Leben, mich selbst.
Ich will loslassen
und mich dir anvertrauen.
Halte du mich,
wenn alle Menschenhände
mich loslassen müssen.

Hilf mir, dass ich loslassen kann

Gott, du siehst,
dass ich heute zu elend bin,
um zu beten.
Ich kann nicht mehr.
Und mein Glaube ist müde und matt.

Zu elend, um zu beten

Nimm mich in den Arm wie ein Kind,
das Liebe braucht.
Dann will ich die Augen schließen
und an nichts mehr denken,
als dass ich bei dir bin.

Auf dich will ich schauen,
nicht auf meine Zweifel,
Ängste und Leiden.
Gott, halte, trage, segne mich.
                    (nach Samuel Keller)

Du
hältst mich

Gott, ich lasse mich dir,
damit mein Herz zur Ruhe kommt.
Meinen Willen lass ich dir,
weil ich spüre, dass ich immer weniger
selbst machen kann.
Meine Gedanken lass ich dir.
Sie sind wirr. Ich kann nicht mehr klar denken.

Meine Pläne lasse ich dir.
Sie zerrinnen mir zwischen den Fingern.
Meine Sorgen um andere lasse ich dir.
Ich kann meine Lieben nur dir übergeben.

Meine Angst lasse ich dir,
löse sie auf und vertreibe sie.
Alles Ungelöste, alle Fragen,
alle verkrampften Hoffnungen lasse ich dir.
Wem soll ich das sonst übergeben?

Alles Mangelhafte, alles Versagen,
alle Schuld lasse ich dir.
Du bist doch ein sich erbarmender Gott.
Ich lasse mich selbst – auf dich hin fallen.
Du hältst mich.

Herr, ich bitte
nicht um Gesundheit, nicht um Krankheit,
nicht um Leben, nicht um Tod.

Ich bitte aber:
Nimm meine Gesundheit,
mein Leben, meinen Tod
in deine Hand.

(Blaise Pascal)

**Nimm mich
in deine Hand**

Dein Reich komme, dein Wille geschehe.
Vater, bewahre mich in deinem Namen!

Vater, wenn es möglich ist,
dann lass diesen Kelch an mir vorübergehen.

Vater, nicht wie ich will, sondern wie du willst!

Vater, in deine Hände empfehle ich meinen Geist.

Herr, sprich nur ein Wort, und ich bin gesund.

Herr, rette mich, ich gehe zugrunde.

Herr, heile mich an Leib und Seele!

Herr, Jesus Christus, erbarme dich meiner!

Mein Jesus, Barmherzigkeit!

**Sätze zum
öfteren
Wiederholen**

2. Krankensalbung und Krankenkommunion

Heilende Rituale

Sakramente sind heilende und heilsame Rituale, ein Geschenk Gottes an uns. Er lässt uns dabei spüren, dass er uns liebt und bei uns ist – helfend und tröstend! Bei der Salbung mit dem Krankenöl legt sich gleichsam die heilende, beruhigende, erleichternde Hand Jesu auf den Kranken, wie damals bei der fieberkranken Schwiegermutter des Petrus, beim Blinden und Lahmen und vielen anderen.

Sakrament, das Kranke aufrichten will

Die Salbung lässt den Kranken spüren:
Jesus bleibt bei mir. Er lässt mich nicht fallen. Er geht mit mir durch das „Wasser" der Krankheit, der Tränen, des Todes, durch das „Feuer" der Beschwerden und Schmerzen.
Die Krankensalbung ist kein Sterbesakrament, sondern ein Sakrament, das die Kranken aufrichten will. Im Jakobusbrief heißt es:
Ist einer von euch bedrückt? Dann soll er beten. Ist einer fröhlich? Dann soll er ein Loblied singen. Ist einer von euch krank? Dann rufe er die Ältesten der Gemeinde zu sich; sie sollen Gebete über ihn sprechen und ihn im Namen des Herrn mit Öl salben. Das gläubige Gebet wird den Kranken retten, und der Herr wird ihn aufrichten; wenn er Sünden begangen hat, werden sie ihm vergeben. (Jak 5,13–15)

Spendungsformel

In Anlehnung daran lautet die Spendungsformel:
„Durch diese heilige Salbung helfe dir der Herr in seinem reichen Erbarmen, er stehe dir bei mit der Kraft des Heiligen Geistes. Der Herr, der dich von Sünden befreit, rette dich, in seiner Gnade richte er dich auf."

Meistens wird die Krankensalbung in Verbindung mit der Krankenkommunion – der so genannten „Wegzehrung" – und auch mit dem Bußsakrament oder Schuldbekenntnis gespendet. Wenn man von einem Sterbesakrament spricht, dann ist damit eigentlich die Stärkung durch die Kommunion, das Brot des Lebens, gemeint.

Bei der Krankensalbung sollte man vom Begriff „Letzte Ölung" wegkommen. In der Einführung zur Feier der Krankensalbung heißt es: „Dieses Sakrament kann wiederholt werden, wenn der Kranke nach empfangener Krankensalbung wieder zu Kräften gekommen ist und dann von neuem erkrankt oder wenn im längeren Verlauf derselben Krankheit der Zustand sich verschlimmert."

Stärkung

**Verbunden-
heit mit dem
Kranken und
Sterbenden**

Grundsätzlich gilt – unabhängig davon, ob das Sakrament in Todesnähe oder früher gespendet wird –, dass es sinnvoll und tröstlich ist, wenn auch die Angehörigen oder andere vertraute Menschen anwesend sind. Das Miteinander-Beten ist für alle eine Hilfe.

Es stärkt die Verbundenheit mit dem Kranken und Sterbenden, wenn auch den Anwesenden – sofern sie es wünschen – die Kommunion gegeben und bei leiblicher oder seelischer Krankheit zudem die Krankensalbung gespendet wird.

Es ist, ganz wörtlich, berührend, wenn die Mitfeiernden sich z. B. zum Vaterunser die Hände reichen oder wenn der/die Kranke die Angehörigen (auch den Priester und andere) mit einem Kreuzzeichen segnet. Die Krankensalbung ist ein wohltuendes Ritual, das beruhigt und aufrichtet, tröstet und seelisch stärkt. Sie öffnet das Herz für die Zusage Gottes:

„Ich halte deine Hand und behüte dich. Ich habe dich bei deinem Namen gerufen, du gehörst mir. Wenn du durchs Wasser schreitest, bin ich bei dir, wenn durch Ströme, dann reißen sie dich nicht fort. Wenn du durchs Feuer gehst, wirst du nicht versengt, keine Flamme wird dich verbrennen. Denn ich, der Herr, bin dein Gott, ich bin dein Retter" (vgl. Jes 42,6 und 43,2f).

Eines der schönsten Gebete in der Situation einer schweren Krankheit oder des nahenden Sterbens ist der Psalm 23. Weiters können auch Gebete aus dem 1. Kapitel dieses Buches verwendet werden.

Der Herr ist mein Hirte,
nichts wird mir fehlen.
Er lässt mich lagern auf grünen Auen
und führt mich zum Ruheplatz am Wasser.
Er stillt mein Verlangen;
er leitet mich auf rechten Pfaden, treu seinem Namen.
Muss ich auch wandern in finsterer Schlucht,
ich fürchte kein Unheil;
denn du bist bei mir,
dein Stock und dein Stab geben mir Zuversicht.
Du deckst mir den Tisch
vor den Augen meiner Feinde.
Du salbst mein Haupt mit Öl,
du füllst mir reichlich den Becher.
Lauter Güte und Huld werden mir folgen
mein Leben lang
und im Haus des Herrn
darf ich wohnen für lange Zeit.

Psalm 23
Der Herr ist
mein Hirte

3. Patientenverfügung, Klärung der „letzten Wünsche"

Sterben immer mehr enttabuisiert

Es ist ein Verdienst der Hospizbewegung, dass das Sterben immer mehr enttabuisiert wird und sich Menschen jeden Alters damit auseinander setzen. Das einzig „Tod-Sichere" in unserem Leben ist, dass wir alle einmal sterben werden. Je besser wir mit dieser Tatsache umgehen können, umso bewusster und intensiver werden wir leben. Die Formulierung „endlich leben" macht das deutlich. Wird das „endlich" betont, so wird klar, dass unser Leben begrenzt und sterblich ist. Sobald wir das bejahen, können wir dann auch endlich „leben".

Wir verdanken unser Leben nicht uns selbst. Es wurde uns geschenkt. Niemand kennt die Zahl seiner Tage. Aber solange wir leben, sollen wir das Beste und Schönste daraus machen, gerade weil wir wissen, dass es für alles eine Zeit gibt, auch eine Zeit des Gebärens und eine Zeit des Sterbens (vgl. Koh 3,2).

Es ist gut, schon früh genug ein Testament zu machen als Beitrag zum Frieden in der Familie und unter den Nachkommen. Die Hospizbewegung hat zudem eine Patientenverfügung herausgegeben, die die persönlichen Wünsche im Blick auf das eigene Sterben festhält.

Warum Patientenverfügung?

Moderne Medizin und Technik erlauben in vielen Fällen eine wesentliche Lebensverlängerung und zugleich Verbesserung der Lebensqualität. Heute sind Krankheiten heilbar, die früher lebensbedrohlich waren. Die letzte Lebensphase des Menschen ist dadurch aber auch zu einem neuen Entscheidungs- und Gestaltungsraum geworden. Viele Menschen sind verunsichert. Sie

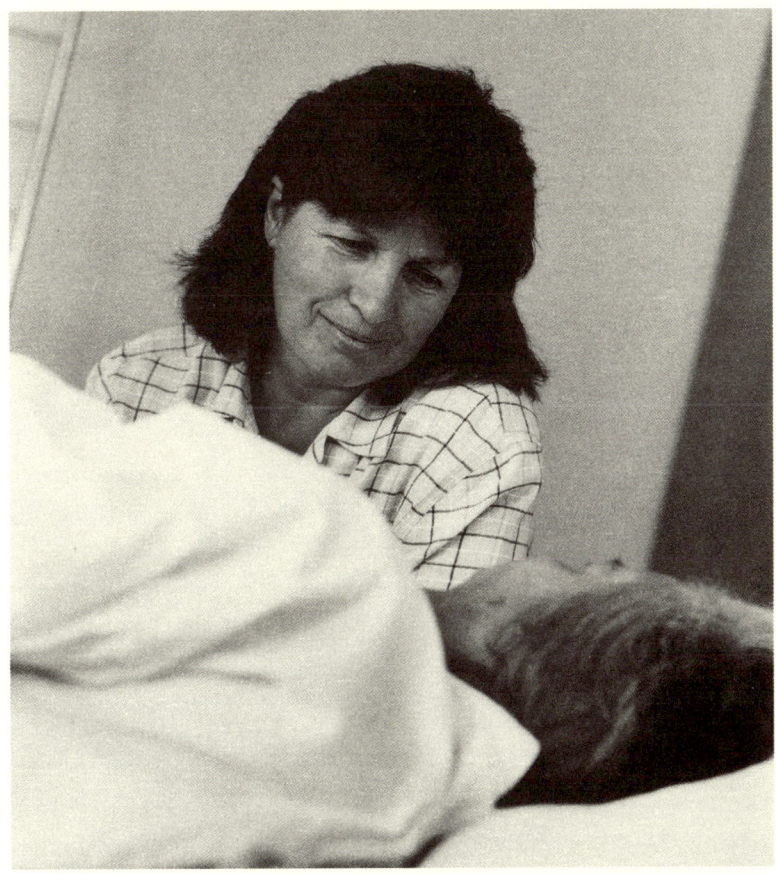

wünschen sich Lebensqualität bis zuletzt, Respekt vor der Würde und dem individuellen Willen, Schmerzbekämpfung, aber keine Verlängerung des Sterbeprozesses.

Jeder Mensch hat das Recht, nach gründlicher und verständlicher Aufklärung durch den Arzt auf unverhältnismäßige medizinische Anstrengungen zu verzichten. Solange ein Mensch bei Bewusstsein ist, kann er dies entsprechend äußern. Viele Menschen möchten aber für den Fall des Verlustes der eigenen

**Lebens-
qualität
bis zuletzt**

Handlungsfähigkeit (Bewusstlosigkeit über eine längere Dauer) sicher sein, dass auch dann nur jene Maßnahmen getroffen werden, die in ihrem Sinne sind.

Für diesen Fall besteht die Möglichkeit, im Voraus seinen Willen in einer Patientenverfügung festzulegen. Sie gibt den behandelnden Ärzten wichtige Hinweise darauf, was ein Mensch, der sich nicht mehr äußern kann, von ihnen erwartet.

Was zu beachten ist

Das Verfassen einer Patientenverfügung erfordert eine bewusste und intensive Auseinandersetzung mit dem eigenen Sterben und Tod.

Die Abfassung sollte mit den nächsten Angehörigen, mit einem Arzt des Vertrauens und allenfalls mit weiteren Vertrauenspersonen besprochen werden. Dasselbe gilt, wenn die Verfügung zu einem späteren Zeitpunkt abgeändert wird.

Damit die Patientenverfügung im Ernstfall ihren Zweck erfüllt, sollte sie leicht verfügbar sein (z. B. in einer Dokumentenmappe), beim Hausarzt oder einer nahe stehenden Person deponierte Exemplare bilden eine zusätzliche Absicherung.

Es empfiehlt sich, die „Hinweiskarte" auszufüllen und bei sich zu tragen.

Aktualität der eigenen Wünsche

Durch regelmäßige Erneuerung der Patientenverfügung oder erneute Bestätigung durch Unterschrift und Datum können Sie sicherstellen, dass die Aktualität der eigenen Wünsche gewahrt bleibt.

Empfehlenswert ist es, diese Erneuerung einmal jährlich durchzuführen.

Eine Patientenverfügung kann entweder ganz in eigenen Worten geschrieben werden, oder man bedient sich dazu eines vorgegebenen Formulars, das genügend Raum für das Eintragen eigener Wünsche lässt.

Rechtliche Aspekte

Die Patientenverfügung ist eine besondere Form, das Recht jedes Menschen auf Selbstbestimmung auszuüben. Sie ist eine Willenserklärung im Vorhinein, die für Situationen abgegeben wird, in denen eine ausdrückliche Einwilligung oder Ablehnung medizinischen Handelns nicht mehr möglich ist.

Recht auf Selbstbestimmung

Als Patientenverfügung bezeichnet man alles, was den Wunsch des Patienten im Hinblick auf die weitere Behandlung bekundet. Im Ernstfall stellt sich dabei die Frage: Hätte die betroffene Person auch unter den aktuellen Umständen genauso entschieden? In rechtlicher Hinsicht handelt es sich bei „Patientenverfügungen" um einen Hinweis auf den „mutmaßlichen Willen" eines Patienten. Der Begriff „Testament" ist in diesem Zusammenhang missverständlich, da rechtlich gesehen die Verbindlichkeit nicht mit der eines Testamentes zu vergleichen ist, welches die vermögensrechtlichen Angelegenheiten nach dem Tod regelt.

Natürlich kann eine Willenserklärung nie sämtliche Eventualitäten berücksichtigen oder gar für alle Zweifelsfälle eindeutige Anweisungen geben. Sie kann auch nicht die ärztliche Entscheidung in der konkreten Situation vorwegnehmen. Die Patientenverfügung beschreibt vielmehr die aktuelle, konkrete Einstellung zum eigenen Sterben und beinhaltet die Bitte an den Arzt, die Behandlungsentscheidungen in diesem Sinne zu treffen.

Grenzen

Nach geltender Rechtsprechung ist der Wille des Patienten, den natürlichen Sterbeprozess nicht zu hindern, grundsätzlich für den Arzt verpflichtend. Ausgenommen davon sind Handlungen, die gegen bestehende Gesetze verstoßen, z. B. kann aktive Sterbehilfe, Mitwirkung am Selbstmord oder Tötung auf Verlangen nicht verfügt werden. Es gibt jedoch keine Verpflichtung des Arztes zur Durchführung von Maßnahmen, die ein qualvolles Sterben nur verzögern bzw. ein menschenwürdiges Sterben gar verhindern, und dies selbst dann nicht, wenn dadurch auf eine mögliche Lebensverlängerung verzichtet wird.

Behandlung von Patienten mit eingeschränkter Erklärungsfähigkeit

Der mutmaß-liche Wille des Patienten

Kann der Patient seinen Willen nicht mehr mitteilen, so ist für die weitere Behandlung der mutmaßliche Wille des Patienten ausschlaggebend. Dafür sind die mündlichen und schriftlichen Äußerungen des Patienten entscheidend.

Eine schriftliche Willenserklärung ist daher ein wichtiges Indiz. Wenn angenommen werden kann, dass es sich dabei um den ernstlichen Willen des Patienten handelt, bietet die schriftliche Willenserklärung dem Arzt die rechtliche Absicherung, den Wünschen des Patienten folgen zu können.

Vieles spricht auch dafür, zeitgerecht den Angehörigen mitzu-teilen, was nach dem Sterben geschehen soll:

1. Benachrichtigungen
2. Bestattungswunsch (Krematorium, Erdbestattung, Ort)
3. Beerdigungsgottesdienst
4. Todesanzeige
5. Spezielle Anliegen …
6. ......………………....

Wo gibt es Patienten-verfügungen?

Allerdings muss man auch respektieren, dass viele Kranke und Sterbende nicht darüber sprechen wollen, sondern einfach den Angehörigen überlassen, was nach ihrem Tod geschehen soll.

Die Patientenverfügungen werden vom Dachverband der öster-reichischen Hospiz- und Palliativeinrichtungen „Hospiz Öster-reich" herausgegeben. Sie kann bei allen Hospizeinrichtungen oder -stellen angefordert werden. Adressen im Anhang.

4. Vor dem Sterben

O Herr, gib jedem seinen eignen Tod.
Das Sterben, das aus jenem Leben geht,
darin er Liebe hatte, Sinn und Not.
(Rainer Maria Rilke)

Die Zeit des Sterbens ist für viele Angehörige und Freunde eine Zeit der Krise, der Angst und der Unsicherheit. Vielleicht geht es auch Ihnen so, dass Sie Fragen belasten, wie z. B.: Was geschieht denn im Sterben? Wie kann ich helfen? Ist es normal, dass der sterbende Mensch meint, schon verstorbene Menschen zu sehen? Was mache ich im Moment seines Sterbens?

Sterbenden Zeit lassen

Der Weg des Sterbens ist für jeden sehr unterschiedlich. Und so kann es sein, dass vielleicht nur wenige der hier beschriebenen Anzeichen auftreten werden, vielleicht aber auch alle oder sogar gar keine. Für manche ist es sehr schwer, sich von diesem Leben zu lösen; sie brauchen unter Umständen viele Monate, Monate der Pflege und der Zuwendung. Für andere mag es leichter sein. Es ist wichtig, dass wir den Sterbenden Zeit lassen, die sie brauchen, um ihren Weg des Sterbens zu gehen. Das mag manchmal schmerzlich und schwer für uns sein, wenn wir meinen, der Sterbende könnte doch einen leichteren Weg gehen, er müsste doch nur „loslassen". Wir müssen immer wieder bereit sein, die Art und Weise, die Sterbende für sich wählen, als die für sie richtige Art anzunehmen, und innerlich bereitwillig mitgehen, auch wo es unseren eigenen Vorstellungen widerspricht. Es ist immer ein individuelles Sterben. Und wir wissen nicht, wie wir selbst diesen Weg einmal gehen werden.

Die letzte Lebenszeit

Zeit des Rückzugs In dieser Zeit hat der Sterbende immer weniger körperliche Energie. Er zieht sich mehr und mehr von der Außenwelt zurück, schläft oder ruht viel. Das Interesse an verschiedenen Dingen schwindet. Er möchte vielleicht keine Besuche mehr, sondern nur noch wenige, ihm vertraute Menschen um sich haben, manchmal auch ganz allein sein. Es ist eine Zeit des Rückzugs und der Hinwendung nach innen. In Träumen, im Halbschlaf oder auch im monologhaften Gespräch hält er Rückblick auf sein Leben, zieht gleichsam Bilanz. Einige machen diesen Rückblick ganz für sich allein, anderen wiederum hilft das aufmerksame Dasein einer vertrauten Person. Der Sterbende möchte dann in uns den Raum finden, sich selbst, seinem Leben, seinen Erinnerungen zu begegnen. Es mag ein Raum der teilnehmenden Stille sein, der es ihm ermöglicht, Erinnerungen in sich aufsteigen zu lassen. So kann es geschehen, dass für den Sterbenden Ordnungen, Zusammenhänge und Sinnhaftigkeit erkennbar werden, dass Ereignisse sich zueinander fügen und alte Schuld in einem anderen Sinnzusammenhang angenommen werden kann.

Schweigendes Zusammensein Der Sterbende schläft normalerweise mehr, als er wach ist. In diesem Dahindämmern verarbeitet er häufig – für uns unerkennbar – sehr viel. Mit der Hinwendung nach innen verringert sich das Bedürfnis zu sprechen. Worte verlieren ihre Wichtigkeit. Still sein wird wichtiger. Die Zeit bleibt stehen.
Wenn wir uns auf das schweigende Zusammensein einlassen, so können wir die heilende Kraft der Stille erfahren, und auch wir werden aus der Zeit unseres Alltags herausgehoben, dürfen teilhaben an einer Art Zeitlosigkeit, in der wir einen Hauch von Ewigkeit erfahren.

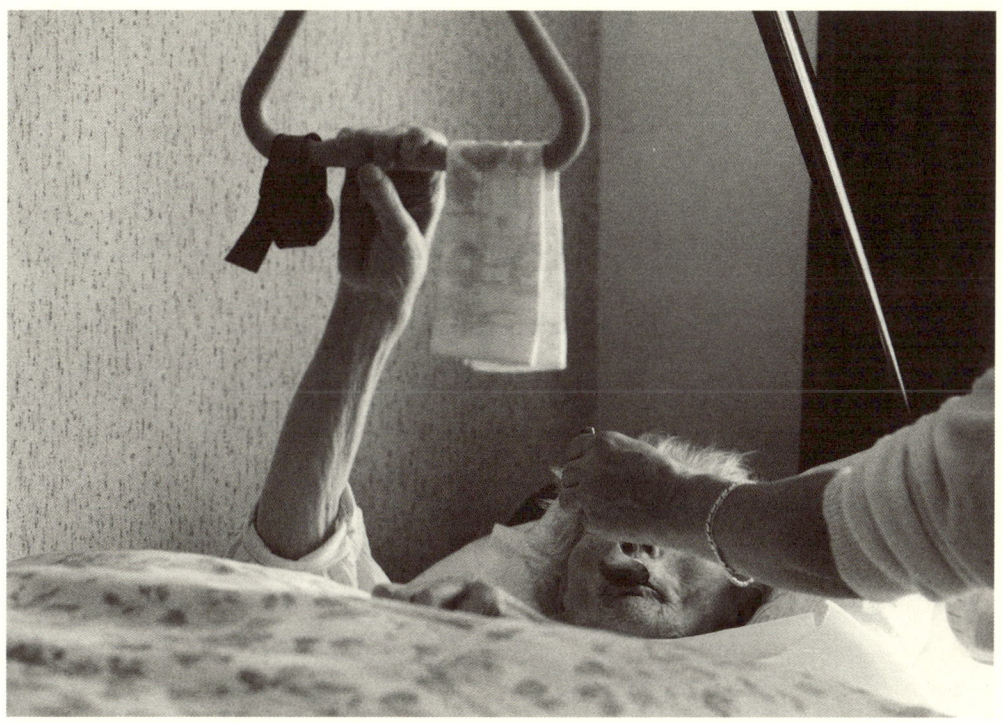

Die Unsicherheit über die Dauer der noch verbleibenden Zeit wird oft als belastend erlebt. Für den Sterbenden entstehen Fragen, z. B.: Wie viel Zeit bleibt mir noch? Wann geht der Leidensweg zu Ende?

Für Angehörige oder Begleitende mag es bedeuten: Wie lange kann ich die Belastung noch tragen? Wie lange halte ich noch durch? Oder auch: Wann wird der geliebte Mensch endlich von seinem Leiden und seinen Schmerzen erlöst? Gedanken, die uns vielleicht erschrecken, aber sehr verständlich und normal sind. Wichtig ist, dass die Begleiter auch für sich sorgen, also auch Zeit für sich allein oder mit Freunden haben, um wieder Kraft für die Begleitung zu bekommen.

Wie viel Zeit bleibt mir noch?

Wenn wir mit unseren Gedanken zu sehr in die Zukunft gehen – fragen, ob wir das weiter durchtragen können –, so bedrückt uns dies mehr, als wenn wir uns vergegenwärtigen, dass wir für den jetzigen Moment die Kraft bekommen. Der jeweilige Tag ist leichter zu ertragen als die gedachte Zukunft.

Die eigenen Grenzen der Belastbarkeit

Wenn wir jemanden in der Zeit des Sterbens begleiten, kommen wir oft an unsere eigenen Grenzen. Auch wenn wir spüren, dass wir mehr Kraft haben, als wir uns vorstellen konnten, gibt es zahlreiche belastende Faktoren: die praktischen Fragen der Pflege, der Organisation, aber auch die Ungewissheit, wie es weitergehen wird, ob die eigene Kraft reicht, und die Angst vor dem Moment des Todes.

Das Sterben wühlt vielfältige Gefühle der Trauer, der Angst, der Wut und der Ohnmacht auf. Oft gerät der Boden, der uns bisher getragen hat, ins Schwanken. Wir leben in einer ganz anderen Welt.

Für Angehörige und Begleiter ist es wichtig zu schauen, dass sie auch selber Hilfe und Unterstützung bekommen: Das kann einmal die ganz praktische Hilfe beim Einkaufen, Kochen usw. sein oder dass jemand einige Zeit bei dem Sterbenden ist, damit man sich selber wieder erholen kann. Manchmal benötigt man auch das Gespräch mit einem anderen Menschen, um über die eigenen Sorgen und Ängste sprechen zu können. Scheuen Sie sich nicht, andere um Hilfe zu fragen, auch wenn Sie meinen, alles allein schaffen zu müssen. Meist können Sie dem Sterbenden hilfreichere Begleiter sein, wenn Sie auch für sich selbst wieder auftanken können. Fragen Sie Freunde oder Nachbarn so, dass diese guten Gewissens Ja oder Nein sagen können.

Hilfen der Hospizbewegung

Das Begleiten an der Grenze des Lebens fordert die Mithilfe vieler. Vor allem die Hospizbewegung mit ihren ambulanten und stationären Diensten bietet eine ganz wertvolle und wichtige Begleitung in dieser schweren Zeit. Die eigens dafür geschulten Mitarbeiter/innen wollen einfach da sein – am Tag und in der Nacht, und zwar sowohl für die Patienten, wie auch für die Angehörigen. Sinnvoll ist es, wenn Sie nicht erst in den letzten Tagen vor dem Sterben die Hopizbewegung anfragen, sondern schon früher, denn es geht darum, dass die körperlichen, sozialen, psychischen und spirituellen Bedürfnisse der Patienten und ihrer Angehörigen im letzten Lebensabschnitt möglichst gut beachtet und gestillt werden.

Die Dienste der Hopizbewegung sind grundsätzlich kostenlos. Zu ihren Angeboten gehört auch die Trauerbegleitung nach dem Sterben eines nahe stehenden Menschen. Haben Sie Mut, die Hopizbewegung zu beanspruchen. Die Internetadressen der Hospizbeweung finden Sie am Schluss dieses Buches.

Berührung

Manchmal möchte der sterbende Mensch die sanfte Berührung Ihrer Hand spüren, er möchte gehalten werden und die körperliche Nähe eines anderen Menschen wahrnehmen. Dann, zu anderen Zeiten, ist vielleicht die Berührung störend. Versuchen Sie zu erspüren, was der andere möchte. Vielleicht können Sie ihn auch fragen. Missverstehen Sie Ablehnung oder Distanz nicht als ein Zeichen mangelnder Liebe. Der sterbende Mensch ist häufig ganz mit sich und seinem Leben beschäftigt.

Erspüren, was der andere möchte

Essen und Trinken

Wünsche respektieren

Durchs Essen führen wir unserem Körper Energie zu. Wir essen, um zu leben. Wenn der Körper zu sterben beginnt, dann ist es ganz natürlich, dass er nichts mehr möchte. Die Essgewohnheiten verändern sich langsam. Nichts schmeckt mehr. Der Appetit kommt und geht. Flüssiges wird fester Nahrung vorgezogen. Fleisch wird zuerst weggelassen, dann auch Gemüse und andere schwer verdauliche Speisen, bis auch weichere Nahrungsmittel nicht mehr gegessen werden. Der Sterbende möchte meistens nichts mehr essen. Für Angehörige ist es oft schwer, diesen Wunsch zu respektieren. Der Gedanke: „Ich kann doch meine Mutter, meinen Mann ... nicht verhungern lassen" belastet viele. Es konfrontiert sie mit ihrer Hilflosigkeit und dem bevorstehenden Tod: „Sie/er stirbt doch, wenn er nichts mehr isst", oder „dann geht es ja noch schneller, sie/er soll doch kämpfen".

Den Sterbenden loslassen

Aber in dieser Lebenszeit ist es völlig natürlich, nichts mehr zu essen. Körperliche Energie, wie wir sie durch die Nahrung bekommen, wird nicht mehr gebraucht, sondern eine andere Art von Energie. Daher müssen die Angehörigen versuchen, den Sterbenden loszulassen, sonst bereiten sie ihm durch ihr Festhalten nur unnötiges Leid.

Oft wächst bei dem Sterbenden das Verlangen zu trinken. Wenn er nicht mehr mit Hilfe einer Schnabeltasse trinken kann, können Sie ihm mit einem Teelöffel kleine Mengen von Flüssigkeit in den Mund geben. Achten Sie darauf, dass das Getränk nicht zu kalt oder zu heiß ist. Kann der Sterbende keine Flüssigkeit mehr hinunterschlucken, ist es für ihn hilfreich und angenehm, wenn Sie ihm den Mund immer wieder befeuchten, z. B. durch Mundstäbchen oder durch einen feuchten Waschlappen, an dem er saugen kann.

Fehlende Orientierung

In Todesnähe hat der Sterbende – bildlich gesprochen – seinen Fuß in der anderen Welt, am anderen Lebensufer. Er verliert jedes Zeitgefühl, erkennt anwesende Personen möglicherweise nicht mehr, was für diese sehr schmerzlich ist. Dies ist jedoch kein Zeichen von Ablehnung, sondern zeigt nur, dass der Sterbende den Bezug zu unserer Realität verliert. Es kann auch sein, dass er zu Gott oder über Ereignisse und Menschen spricht, die für Sie unbekannt sind. Er sieht und spricht vielleicht auch zu Menschen, die schon verstorben sind, oder fühlt sich von diesen abgeholt. Es ist wichtig, dass wir nicht versuchen, ihm seine Realität auszureden oder diese als Halluzination abzutun, sondern dass wir an seiner Welt Anteil nehmen, indem wir ihm zuhören und so versuchen, etwas von seiner Welt zu erfahren. Dies kann unsere eigene Realität erweitern.

An seiner Welt Anteil nehmen

Unruhe

Der Sterbende ist zu manchen Zeiten unruhig. Es kann sein, dass er an den Leintüchern zupft, ziellose Arm- oder Beinbewegungen macht oder dauernd aus dem Bett möchte. Wenn wir einfach an seinem Bett sitzen und ihm vermitteln, dass er nicht allein gelassen ist, wirkt das beruhigend.
Manchmal gibt es vor dem Tod ein letztes Aufblühen aller Kraft: Der Sterbende ist dann ganz wach und klar, nimmt Anteil am Leben, äußert vielleicht den Wunsch nach bestimmten Speisen oder hat das Bedürfnis, sich noch einmal aufzusetzen oder hinzustellen.

Nicht allein lassen

Körperliche Veränderungen

Schmerz-
linderung

Es ist heute möglich, nahezu allen Menschen für die letzte Phase ihres Lebens Schmerzlinderung zuzusichern. Die Schmerzbehandlung mit Morphium ermöglicht dank ihrer vielfältigen Möglichkeiten gerade für den an Krebs erkrankten Menschen Schmerzfreiheit bei gleichzeitig erhaltenem Bewusstsein.

Atem

Häufig verändert sich der Atem: Er kann schneller werden (bis zu 40 Atemzüge in der Minute) oder viel langsamer, mit langen Pausen zwischen den Atemzügen, die oft den Eindruck erwecken, dies sei der letzte Atemzug gewesen. Beunruhigende Geräusche können auftreten, Unregelmäßigkeiten beim Atmen, ein Pusten oder ein Rasseln und Gurgeln, das vom Schleim hervorgerufen wird, der nicht mehr abgesondert werden kann. All diese Veränderungen des Atems kommen und gehen. Ein Mensch kann tagelang so atmen, dass man meint, es gehe jeden Augenblick zu Ende. Häufig kann es für den sterbenden Menschen eine Erleichterung sein, wenn wir seinen Kopf und Oberkörper höher lagern. Für die Begleiter kann es schmerzlich und beunruhigend sein, den unregelmäßigen Atem mitanzuhören. Wichtig ist es dabei, selber tief und regelmäßig durchzuatmen und hin und wieder das Zimmer zu verlassen, um wieder Kraft zu sammeln.

Vom Sterbenden kann ein besonderer Geruch ausgehen, manchmal schon lange vor dem Tod. Räucherstäbchen oder Duftlampen helfen, dass der Geruch nicht mehr allzu aufdringlich ist.

Koma

Manche Menschen fallen in den letzten Tagen in ein Koma. Aus vielen Befragungen von Menschen, die klinisch tot waren und wiederbelebt wurden, wissen wir, dass der Mensch, auch wenn er von uns aus gesehen nicht bei Bewusstsein ist, alles hört. Der Hörsinn ist der letzte Sinn, der schwindet. Reden Sie also in Gegenwart des Kranken, wie Sie mit ihm reden würden, wenn er bei Bewusstsein wäre. Er hört alles, was Sie sagen. Wenn Sie ihm noch etwas Wichtiges mitteilen möchten, sagen Sie es ruhig. Es ist keinesfalls zu spät, z. B. zu sagen: „Es tut mir Leid" oder „Ich liebe dich" oder was Sie ihm noch sagen möchten.

Was Sie ihm noch sagen möchten

Mögliche Anzeichen des nahen Todes

- Die Augen sind offen oder halb offen, aber sehen nicht wirklich. Es ist vielmehr so, als ob sie in die Ferne schauten.
- Der Mund ist offen.
- Die Körperunterseite, die Füße, Knie und Hände verfärben sich dunkler.
- Der Puls wird schwächer.
- Die Pupillen reagieren immer weniger auf Lichteinwirkung.
- Der Sterbende wird teilnahmsloser und reagiert kaum mehr auf seine Umwelt.

In die Ferne schauen

Der Tod tritt ein, wenn Herzschlag und Atem aufhören. Was manchmal der allerletzte Atem zu sein scheint, wird noch von ein oder zwei langen Atemzügen vollendet.

Ob ein Mensch sein Sterben akzeptiert hat oder nicht: Oft gibt es vor dem Tod einen Zeitpunkt, in dem er Frieden findet. Bei manchen ist diese stille Zufriedenheit schon lange vorher zu spüren. Bei anderen tritt diese Wandlung erst in den letzten Augenblicken, ganz kurz vor dem Verlassen des Körpers ein. Eine Wandlung, die wir nicht erklären oder verstehen, sondern nur erahnen und auf dem Gesicht des Verstorbenen wahrnehmen können. Eine Wandlung, die die Begleitenden über alle Ängste und Verzweiflung, die bis zu diesem Zeitpunkt bestanden ha-

Zeitpunkt, in dem er Frieden findet

ben, hinüberhebt. Da hatte er gerade noch schwere Kämpfe zu durchstehen, das Loslassen wurde unsagbar schwer, und nun liegt ein zufriedener Ausdruck auf dem Gesicht. Manchmal tritt er schon mit dem Einzug des Todes ein, manchmal breitet sich dieser Ausdruck von Gelöstheit erst nachträglich über die Züge des Toten.

Manche Angehörige empfinden quälende Schuldgefühle, weil sie im Augenblick des Todes nicht bei dem Sterbenden waren, weil sie vielleicht telefonieren waren, sich etwas zum Essen holten oder vorher abreisen mussten. Sie haben dann das Gefühl: „Jetzt habe ich ihn im Stich gelassen, gerade im wichtigsten Moment habe ich ihn allein gelassen! Warum bin ich nicht doch noch geblieben? Warum habe ich es denn nicht gespürt?"

Moment des Übergangs

Die Erfahrung zeigt, dass Sterbende häufig gehen, wenn sie allein sind. Vielleicht ist es so für sie leichter, sich von dieser Welt und den geliebten Menschen zu lösen? Und: Der Moment des Sterbens gehört dem sterbenden Menschen, es ist sein Moment des Überganges. Manchmal wird es uns geschenkt, dabei zu sein und wir dürfen dadurch etwas von dieser anderen Welt erahnen.   *(nach Daniela Tausch-Flammer)*

Über die Schwelle

Wenn du einen Menschen begleitest, wo du kaum noch Genesung erwarten kannst, schenke ihm die Zuwendung und deine Fürsorge.

Begleitest du einen Sterbenden, dann musst du wissen, dass es auch immer ein Stück von deinem eigenen Leben ist, was du hergibst; auch du musst loslassen. Darfst du den anderen „über die Schwelle" begleiten, dann darfst du darauf vertrauen, dass deine Hand von einer anderen „Hand" abgelöst wird, die ihn aufnimmt. Sei ohne Furcht, unser Schöpfer verlässt seine Geschöpfe nicht, er holt uns heim und kommt uns entgegen.

(Christa Köster-Seelbach)

5. Beim Sterben
und unmittelbar danach

Das Wichtigste ist wohl, einfach da zu sein, auszuhalten, was geschieht, sich berühren zu lassen vom Sterben eines Menschen, Gefühle – auch Tränen zuzulassen. Es gibt hier keine Regeln, denn jeder Mensch, jedes Sterben ist einmalig.

Jedes Sterben ist einmalig

Vielleicht sind Sie einfach ruhig und halten die Hand des gerade Verstorbenen. Vielleicht sagen Sie ihm etwas ganz Persönliches. Vielleicht beten Sie laut oder leise, z. B. das Vaterunser oder eines der folgenden Gebete. Als kleines Ritual können Sie auch eine Kerze anzünden und (mit Weihwasser) ein Kreuz auf die Stirne des Toten zeichnen. Oder Sie legen ihm eine Hand auf den Kopf oder streicheln, küssen, umarmen ihn.

Es ist schön, wenn alle Anwesenden eingeladen werden, das zu tun, was für sie stimmig ist, und dem Verstorbenen leise ein persönliches Wort sagen.

Auch das gemeinsam gebetete Vaterunser tröstet und verbindet in dieser betroffen machenden Situation.

Lassen Sie sich Zeit! Vor allem aber gilt: Lassen Sie sich Zeit! Man muss nichts sofort tun. Erst nach der Phase der persönlichen Konfrontation und Verarbeitung ist das Notwendige zu erledigen. Für viele Kranke ist die seelsorglich spirituelle Begleitung durch einen Priester oder Krankenseelsorger wichtig. In diesem Falle ist es wünschenswert, dass diese auch beim Sterben oder kurz danach anwesend sind. Rufen Sie deshalb zuerst einmal diese an.

Anschließend können Sie auch den Bestatter verständigen, um telefonisch oder besser persönlich zu besprechen, wann er den Verstorbenen holen und wann die Beerdigung stattfinden soll. Dazu ist auch ein Gespräch mit dem Pfarrer (Pfarramt) nötig.

Früher war es üblich, dass die Toten möglichst rasch in die Leichenhalle oder Totenkapelle überführt wurden. Heute setzt sich Gott sei Dank immer mehr die Einsicht durch, dass es wichtig ist, sich in Ruhe von den Verstorbenen verabschieden zu können. Deshalb kann und soll man ruhig den Verstorbenen eine Nacht und/oder einen Tag daheim lassen. Wenn Sie es selbst wünschen, sollen Sie ruhig darauf bestehen!

Wenn eine Hauskrankenschwester oder ein Pfleger den Kranken betreut hat, sind diese natürlich auch zu informieren. Zudem ist es vielerorts üblich, dass diese das Waschen, Ankleiden und Aufbahren des Toten vornehmen. Falls Sie als Angehörige dabei helfen wollen und können, ist das ein tröstlicher letzter Dienst an dem Verstorbenen.

Schließlich ist auch der Arzt zu verständigen, damit dieser kommt und den Totenschein ausstellt (im Normalfall 4 Stunden nach Todeseintritt). Bei einem Todesfall in der Nacht können Sie ruhig bis zum nächsten Morgen warten.   **Totenschein**

Vielleicht ist es Ihnen unheimlich, mit dem verstorbenen Körper allein zu sein. Haben Sie keine Scheu, jemanden um Hilfe anzurufen – einen Ihrer Freunde oder jemanden, der schon Erfahrung mit dem Sterben und dem Tod hat.

Manche Menschen haben Angst, den toten Körper zu berühren. Sie haben Angst vor dem angeblichen Leichengift. Dieses gibt es jedoch nicht. Einige Stunden nach dem Tod entstehen basische Stoffe im toten Körper. Der Kontakt mit diesen Stoffen oder die eventuelle Aufnahme in den eigenen Körper, z. B. bei eigenen Verletzungen, ist ungefährlich.

In der ersten Stunde, vor dem Einsetzen der Leichenstarre, ist es leichter, den Verstorbenen zurechtzumachen. Behandeln Sie den toten Körper mit Achtung und Respekt. Einige Hilfen: **Einige Hilfen**

• Legen Sie den Verstorbenen flach hin.
• Schließen Sie ihm behutsam die Augenlider, legen Sie eventuell ein feuchtes Wattebäuschchen für ca. eine Stunde auf die Augenlider.
• Geben Sie vorsichtig die Zahnprothesen wieder in den Mund. Wenn Sie das Gefühl haben, dass es zu gewaltsam ist, die Zahnprothesen einzusetzen, können Sie es auch lassen.
• Damit der Mund geschlossen bleibt, können Sie ein kleines Handtuch rollen und unter das Kinn legen.

In unserem Kulturkreis ist es üblich, den Verstorbenen etwas anzuziehen. Denken Sie bei der Wahl des Kleidungsstückes an eines, das der Verstorbene gerne getragen hat und das zu ihm passt, oder wie er sich gerne sehen würde.

Richten Sie das Zimmer, indem Sie die Arzneien und Pflegehilfsmittel entfernen.

Zünden Sie eine Kerze an.

Legen Sie, wenn Sie mögen, frische Blumen auf den Leichnam. Ihr Blühen und Verwelken sind ein Symbol für die Vergänglichkeit der äußeren Erscheinungen.

Entzünden Sie evtl. ein Duftlämpchen oder Weihrauch und stellen Sie ein Schälchen mit Weihwasser auf, das für uns Christen ein Symbol des Lebens ist und uns daran erinnert, dass wir als Getaufte mit Christus sterben und mit ihm auferstehen.

Abschied nehmen

Nochmals: Lassen Sie sich Zeit, Abschied zu nehmen. Setzen Sie sich an das Bett und versuchen Sie, innerlich zur Ruhe zu kommen. Wenn Sie das Gesicht des Verstorbenen betrachten, können Sie vielleicht sehen, wie alle Anspannung gewichen ist und dass es Frieden ausstrahlt. Wenn Sie das Bedürfnis haben, sprechen Sie mit dem Verstorbenen, begleiten Sie diesen mit Ihren Gedanken auf seinem unsichtbaren Weg. Lassen Sie Erinnerungen an gemeinsame Begegnungen auftauchen. Wachen Sie beim leblosen Körper.

Das längere Aufbahren zu Hause bietet entfernt wohnenden Angehörigen oder Freunden die Möglichkeit, sich auch noch verabschieden zu können. Manchmal ist es für diese, die weit weg wohnen und nicht kommen können, sich also nicht vom toten Körper verabschieden können, viel schwieriger zu begreifen, dass der geliebte Mensch tot ist. Es bleibt unwirklich. Für sie kann es hilfreich sein, wenn wir den Leichnam fotografieren. Sie können dann etwas von dem Frieden des Toten erahnen und beginnen so erst zu verstehen, dass der andere wirklich tot ist.

(teilweise nach Daniela Tausch-Flammer)

Gebete

Wenn Gott uns heimbringt
aus der Gefangenschaft –
das wird ein Traum sein.
Wir werden singen,
lachen, glücklich sein.
Dann sagt die Welt:
„Ihr Gott tut Wunder."
Ja, du tust Wunder.
Gott, unser Gott,
du unsre Freude.
Wenn Gott uns heimbringt
aus der Gefangenschaft –
das wird ein Traum sein.
So bring uns heim,
zum Leben wende uns,
so wie die Flüsse
in der Wüste
beim Regen von neuem
zu strömen beginnen.
Wer sät in Betrübnis,
wird ernten in Freude.
Seinen Weg geht ein Mensch
und sät unter Tränen.
Singend kehrt er zurück mit den Garben.
Wenn Gott uns heimbringt
aus der Gefangenschaft –
das wird ein Traum sein.
            (Huub Oosterhuis, nach Psalm 126)

**Wenn
Gott uns
heimbringt**

**Am Ufer
des Lebens**

Der Herr segne dich
und erwarte dich
am Ufer des Lebens im Licht –
jetzt, da der Tod alles Irdischen an deine Türe klopft
und dich herausruft
aus dem Land, das dich ernährt,
aus dem Kreis der Menschen,
mit denen du gelebt hast.

Er mache dir den Abschied leicht
und schicke dir seinen Engel entgegen,
der dich begleitet
durch das unbekannte Tor des Todes
und dich in das verheißene Land führt,
wo die Sonne nicht mehr untergeht.
Er erlöse dich von der Angst,
ins Leere zu fallen,
und schenke dir die Freude,
dass du ihn schaust,
der all deine Schuld vergibt und deine Wunden heilt,
die Wunden der Angst und nicht erfahrener Liebe,
die Wunden des Schmerzes und des nicht Gelungenen.

Er zeige dir seine wahre Heimat –
und lasse dich glücklich sein in Seinem Himmel –
ihm nahe und all denen,
die vor dir gelebt haben.
Das gewähre dir der Gott des Lebens,
der dem Tod die Macht genommen
und sich jetzt freut auf dich:
der Vater, der Sohn, der Heilige Geist. Amen.

(Herbert Jung)

Gott, Urgrund und Ziel unseres Lebens,
ein lieber Mensch ist gestorben.
Wir blicken in unserer Hilflosigkeit zu dir auf.
Wir stehen ohnmächtig der Macht des Todes gegenüber.
Alle menschliche Kunst kann nicht mehr helfen.
So wenden wir uns an dich,
du Gott des Lebens, und bitten:
Sei unserer/m N. gnädig,
und vergib ihm (ihr) alle Schuld seines (ihres) Lebens.
Erlöse ihn (sie) von allem Übel,
und nimm ihn (sie) auf in deinen ewigen Frieden.
Sei du selbst der Trost
und die Kraft seiner (ihrer) Angehörigen.
Führe uns alle einmal durch das dunkle Tal des Todes
zum Licht deiner ewigen Herrlichkeit
und bleibender Gemeinschaft mit N.
So bitten wir durch Jesus Christus.

Kommt herbei, ihr Heiligen Gottes.
Kommt ihr/ihm entgegen, ihr Engel des Herrn.
Führt unsere/n liebe/n N. hinüber zu Gott.

Gott, nimm sie/ihn in deine Arme.
Wische die Tränen ab von ihrem/seinem Gesicht.
Lass alles gut werden
und schenke ihr/ihm ein Leben in Fülle.
Bei dir gibt es kein Leid und keine Trauer.
Herr, gib ihr/ihm die ewige Ruhe,
und das ewige Licht leuchte ihr/ihm.
Herr, lass sie/ihn leben in Ruhe und Frieden.
Amen.

**Gott, lass
sie/ihn leben
bei dir**

Gott, wir legen N. in deine Hände.
In den Augen der Welt ist sie/er tot.
Lass sie/ihn leben bei dir.
Alles Mangelhafte ihres/seines Lebens vergib ihr/ihm.
Alle Defizite fülle du mit deinem Erbarmen.
Umhülle sie/ihn mit dem Mantel der Liebe.

**Gott steht an
deiner Seite**

Es segne dich, N., Gott.
Er hat dich einst gewoben im Schoß
deiner Mutter.
Er hat dich beschenkt mit seinen Gaben.
Er hat dich Liebe erfahren lassen
(und dich reich gemacht durch das
gemeinsame Leben mit N./deinem Mann/deiner Frau,
mit deinen Kindern).
Auch in den dunklen und schweren Stunden
deines Lebens war er an deiner Seite,
so wie er einst bei seinem Sohn war, als er litt und starb.
Ihn hat er auferweckt aus dem Grab.
Er führe dich jetzt zum bleibenden Leben.
Gott, du hast N. in der Taufe angenommen als dein Kind.
Vollende du ihr/sein Leben,
nimm sie/ihn auf in die Herrlichkeit des Himmels.
Tröste, die jetzt trauern und weinen,
im Glauben und in der Hoffnung,
dass wir alle einmal unsere Heimat finden werden bei dir.

(nach Eduard Nagel)

Barmherziger Gott,
du weißt um unsere Gedanken und Gefühle.
Du kennst unsere Angst und Hilflosigkeit,
unseren Schmerz und unsere Dunkelheiten.
Zu dir kommen wir in dieser Stunde.
Bei dir suchen wir Trost und Licht.
Wir bitten dich für N.,
schenke ihr/ihm deine Nähe
und deinen Frieden.
Wir bitten dich auch für uns:
Hilf uns,
voneinander Abschied nehmen zu können.
Schenke uns deine versöhnende Liebe,
und führe uns alle zum ewigen Leben bei dir.
Durch Christus, unseren Herrn. Amen.

**Voneinander
Abschied
nehmen**

6. Zwischen Sterben und Beerdigung

Eine ganz intensive Zeit

Dies ist eine ganz intensive Zeit und wird oft wie in einem Schockzustand wahrgenommen. Ungeheuer viel muss entschieden und erledigt werden. Deshalb ist es gut, wenn alle Familienangehörigen oder andere Vertrauenspersonen und Freunde nach ihren Möglichkeiten mithelfen.

Was zu tun ist

Folgendes ist zu tun:

Mit dem Bestattungsinstitut und dem Pfarramt den Beerdigungstermin und -ort abklären. Mit dem Pfarrer oder zuständigen Priester Kontakt aufnehmen, damit er sich vom Toten verabschieden und für ihn beten kann. Mit den Seelsorgern sollte zudem die Gestaltung des Gottesdienstes besprochen werden.

Die Kleider herrichten, die dem Toten angezogen werden sollen.

Die Dokumente des Verstorbenen für den Bestatter richten: Staatsbürgerschaftsnachweis, Geburtsurkunde, Heiratsurkunde der letzten Ehe, Totenschein (Todesbestätigung).

Beim Bestattungsinstitut den Sarg aussuchen und vereinbaren, wann der Tote von zu Hause geholt werden soll.

Den Todesfall beim Standesamt (Gemeindeamt, Stadtmagistrat) melden.

Telefonisch oder persönlich nahe Verwandte und Bekannte, unter Umständen auch Nachbarn benachrichtigen (Liste führen!).

Todesanzeige aufsetzen und drucken lassen (die Bestattungsinstitute sind dabei meist behilflich).

Adressen schreiben und Todesanzeigen verschicken. Falls gewünscht, in Zeitungen die Todesanzeige abdrucken lassen.

Lebenslauf des Verstorbenen zusammenstellen für die Totenwache oder die Beerdigung.

Auf dem Gemeindeamt (oder Pfarramt) abklären, in welchem
Grab der Verstorbene beerdigt wird.
Eventuell den Steinmetz bitten, einen vorhandenen Grabstein
wegzuräumen.
Beim Gärtner Blumenkränze oder -gestecke bestellen.
In einem Gasthaus das „Totenmahl" bestellen.
Trauerkleidung kaufen, falls man nichts Passendes hat.

Bei all den notwendigen Agenden ist es wichtig, nicht in Hektik
zu verfallen, die die eigene Trauer verdrängt. Am besten ist es,
einfach eines nach dem anderen zu tun und dazwischen auch
wieder Zeit zu haben, um bei dem Verstorbenen zu verweilen
und sich den eigenen Gefühlen zu stellen.

Ohne Hektik

Das Abholen des Verstorbenen durch den Bestatter

Das Abholen des Verstorbenen von zu Hause lässt meistens ganz tief die Trauer aufbrechen. Es ist tröstlich, wenn dabei die Angehörigen oder besonders Nahestehende anwesend sind. Wenn der Leichnam in den Sarg gelegt ist, können sich nochmals alle persönlich von dem Verstorbenen verabschieden, z. B. durch Berühren, Streicheln des Gesichtes, durch ein Kreuzzeichen oder andere Gesten.

Abschieds-symbol Kinder und auch Erwachsene können dem Toten ein Abschiedssymbol in den Sarg legen (z. B. eine Blume, ein Spielzeug oder sonst etwas Persönliches). Es wäre gut, auch noch ein freies Gebet oder ein Vaterunser zu sprechen.

Sich beim Hinaustragen des Sarges zu halten, einander zu umarmen oder dem Sarg nachzuwinken, gibt Trost in diesem schweren Moment.

Verabschiedungsorte und -räume

Es ist für die Trauerarbeit von großer Bedeutung, sich persönlich und auch körperlich von dem Toten verabschieden zu können und dafür auch Orte und Zeit zu haben.

Zu Hause aufgebahrt Deshalb ist es sehr zu begrüßen, dass die Verstorbenen eine Zeit lang zu Hause aufgebahrt bleiben, ja sogar vom Spital oder Unfallort nach Hause gebracht werden. Grundsätzlich ist das möglich, aber es braucht meistens ein ziemlich großes Durchsetzungsvermögen gegenüber Behörden, Exekutive, Bestatter, Arzt, Bürgermeister … oder auch anderen Angehörigen. Dabei ist es gut, von kompetenten Personen unterstützt zu werden (SterbebegleiterInnen u. a.).

Falls dies nicht gewünscht oder möglich ist, sollte im Krankenhaus, Alten- oder Pflegeheim die Verabschiedung von dem Verstorbenen geschehen. Die Verstorbenen können im Normalfall bis zu drei Stunden auf der Station des Krankenhauses liegen bleiben. Nach Möglichkeit und mit Einverständnis des Personals sollen eine Kerze entzündet und ein Schälchen mit Weihwasser hergerichtet und Blumen aufgestellt werden.

Es wäre wichtig, dass in jedem Krankenhaus oder Alten- und Pflegeheim ein würdig eingerichteter Verabschiedungsraum geschaffen wird, in dem die Toten über die Drei-Stunden-Frist aufgebahrt werden können, damit auch noch entfernt wohnende und später eintreffende Verwandte oder Nahestehende sich persönlich von ihrem Verstorbenen verabschieden können. Ähnlich sollte in den Krankenhäusern neben der Prosektur, wo die Toten in Kühlboxen liegen, ein Verabschiedungsraum geschaffen werden, damit die Angehörigen ihre Verstorbenen z. B. nach einem tödlichen Unfall nochmals sehen können.

Verabschiedungsraum

Gestaltung und Totenwache

Eine wichtige Aufgabe in dieser „Zwischenzeit" ist die Überlegung, wie die Totenwache und die Beerdigung gestaltet werden sollen. Vielerorts wird am Vorabend der Beerdigung eine Totenwache gehalten, sehr oft von Laien durchgeführt. Dieser Gottesdienst kann meistens auch persönliche Gestaltungselemente enthalten, seien es Texte, die man selbst ausgesucht hat, oder seien es Wünsche bezüglich der Lieder und der musikalischen Gestaltung. Es ist sehr wertvoll, wenn Familienmitglieder, Verwandte oder Bekannte dabei selbst mitwirken. Dasselbe gilt für den Beerdigungsgottesdienst. Im folgenden Kapitel finden Sie dazu zahlreiche Vorschläge.

Persönliche Gestaltungsmöglichkeiten

7. Beerdigungsgottesdienst und Beerdigung

Möglichst persönlich gestalten

Der Beerdigungsgottesdienst ist ein ganz wichtiges Ritual im Prozess der Trauer und bei der Verabschiedung von einem lieben Menschen. Deshalb ist darauf zu achten, dass dieser Gottesdienst sehr einfühlsam und möglichst persönlich gestaltet wird. Dann können die trauernden Angehörigen und alle Anwesenden in ihrem Leid und Schmerz viel Trost und Kraft in der gemeinsamen Feier finden.

So weit als möglich sollen im Rahmen der Eucharistiefeier oder eines Wortgottesdienstes Texte, Lieder und Musik von den Angehörigen und/oder Nahestehenden ausgesucht und auch vorgetragen werden. Das setzt natürlich voraus, dass die Priester oder andere Gottesdienstleiter die Feier mit der Trauerfamilie vorbereiten und auf deren Wünsche eingehen.

Man kann den Gottesdienst unter ein besonderes Thema stellen, dem verschiedene Texte und Lieder zugeordnet werden. Genauso ist es aber auch möglich, einfach einzelne Elemente auszusuchen. Einige mögliche Themen sind:

Themen

Dankbarkeit

Loslassen lernen

Sich mit dem Tod anfreunden

Wurzeln und Wachstum

Zwischen Auflehnung und Hingabe

Was kommt nach dem Tod?

Endlich leben

Angst und Hoffnung

Lebensaufgabe

Trost im Blick nach rückwärts und nach vorne

Spuren Gottes und der Menschen
Erfülltes Leben
Auf der Suche nach Sinn
Warum?
Wer liebt, lebt

Taufgedächtnis bei einer Beerdigung

Ein kurzes Taufgedächtnis kann ein sehr passendes Element der Eröffnung eines Begräbnisgottesdienstes sein. Das folgende Beispiel ist natürlich jeweils der Person des Verstorbenen anzupassen.

Ein Beispiel

Liebe Angehörige!
Liebe in Trauer versammelte Gemeinde!
Fast ein ganzes Jahr hat N. gegen ihre/seine schwere Krankheit gekämpft. Nun ist sie/er gestorben und zu ihrem/seinem Schöpfer und Erlöser heimgekehrt.
N. war ein Geschenk Gottes. Es ist schwer, dieses Geschenk jetzt wieder zurückzugeben in die Hände Gottes. Der Glaube an diesen Gott, der seinen Sohn auferweckt hat aus dem Tod, ist das, was uns in dieser Stunde des Abschieds trösten kann.
Frau/Herr N. wurde am ... hier in unserer Pfarrkirche (vom damaligen Pfarrer ...) getauft. Mit dem Wasser des Lebens wurde sie/er auf den Tod und die Auferstehung Jesu getauft. Wenn sie/er nun in Jesus gestorben ist, so glauben und hoffen wir, dass sie/er auch in Jesus aufersteht zu einem neuen, ewigen Leben bei Gott. Zum Zeichen unseres Glaubens an die Auferstehung werde ich nun – 47 Jahre nach ihrer/seiner Taufe – ihren/seinen Sarg mit dem Wasser des Lebens besprengen.
(Der Sarg wird von allen vier Seiten mit Weihwasser besprengt.)

Was uns in der Stunde des Abschieds trösten kann

Osterkerze Zum Zeichen dafür, dass Christus auch für N. auferstanden ist, und zum Zeichen dafür, dass uns der Glaube an die Auferstehung in dieser schweren Stunde Halt gibt, wird nun … (Name) Licht von der großen Osterkerze nehmen und damit die Kerze, die schon bei der Taufe von N. und später bei seiner/ihrer Erstkommunion und bei seiner/ihrer Hochzeit gebrannt hat, anzünden. *(Wenn diese nicht vorhanden ist: mit dem Licht der Osterkerze symbolisch eine andere Kerze anzünden. Während des Anzündens wird folgender Text gesprochen:)*

Christus sagt: Ich bin das Licht des Lebens. Im Vertrauen darauf, dass unser/e liebe/r Verstorbene/r im Glauben an diesen Jesus Christus gelebt hat, entzünde ich nun die Osterkerze als Zeichen dafür, dass seit Ostern alle Dunkelheit, auch die des Todes, durchbrochen ist.

(Hubert Lenz)

Kurzform Mit dem Wasser des Lebens wurde N. auf den Tod und die Auferstehung Jesu getauft.
Wie sie/er nun in Jesus gestorben ist, so glauben und hoffen wir, dass sie/er auch in Jesus Christus zum neuen ewigen Leben bei Gott aufersteht.
Als Ausdruck unseres Glaubens an die Auferstehung besprenge ich nun … Jahre nach ihrer/seiner Taufe den Sarg/die Urne mit dem Wasser des Lebens.

Kyrierufe

Mit jedem Leben stirbt eine Welt.
Aber nicht der Tod holt uns,
sondern wir sterben in dich hinein.
Herr, erbarme dich unser!
In deinem Sterben und deiner Auferstehung
hast du uns eine Tür der Hoffnung geöffnet.
Christus, erbarme dich unser!
Schau auf uns mit unserem Leid, unserer Trauer,
mit all der Last auf unserem Herzen.
Herr, erbarme dich unser!

Sterben und Auferstehung

Wir haben einen Menschen verloren, den wir lieb hatten.
Unser Leben ist leerer, ärmer geworden. Das tut weh.
Herr, erbarme dich unser!
Sei du uns nahe in unserem Schmerz,
lass uns nicht allein in unserer Trauer.
Christus, erbarme dich unser!
Lass uns deine Liebe und deine Nähe erfahren.
Hilf uns auf, damit die Trauer uns nicht überwältigt
und wir wieder Kraft und Mut finden für unser Leben.
Herr, erbarme dich unser!

Unser Leben ist ärmer geworden

Ein Mensch, der uns nahe stand,
den wir liebten, lebt nicht mehr.
Herr, erbarme dich unser!
Wir bringen gute, schöne Erinnerungen,
aber auch das, was wir einander schuldig blieben.
Christus, erbarme dich unser.
Richte uns auf in unserer Trauer.
Herr, erbarme dich unser!

Schöne Erinnerungen

**Gott will das
Leben, nicht
den Tod**

Unruhig kommen wir, traurig und verwirrt,
zornig und böse sind wir, weil N. gestorben ist,
weil Gott es zulässt und wir es nicht verstehen.
Herr, erbarme dich unser!
Unruhig sind wir, unser ganzes Leben lang,
weil wir unseren Platz suchen, eine Heimat,
einen Sinn für alles.
Christus, erbarme dich unser!
Unruhig sind wir, bis wir Ruhe finden in den Händen Gottes,
der das Leben will und nicht den Tod.
Herr, erbarme dich unser!

Gebete

Gott, wir müssen Abschied nehmen von einem Menschen, der
uns vertraut und lieb gewesen ist. Hilf uns deshalb, den Wert der
Tage zu ermessen, die du uns füreinander gegeben hast.
Wir denken in dieser Stunde daran, was ihr/sein Leben uns bedeutet hat, wofür wir zu danken haben, was wir zu bewahren
haben, was uns schwer geworden ist, was wir zu vergeben haben und was wir selber schuldig geblieben sind. Wir verlieren –
und sind doch nicht verloren. Wir vertrauen auf dein Wort. Führe uns zum bleibenden Leben.

**Hilflos vor
dem Sterben**

Gott des Lebens, hilflos stehen wir dem Sterben unserer Lieben
gegenüber. Es fällt uns schwer, deine Pläne zu begreifen und zu
bejahen. Der Tod ist unabänderlich. Im Blick auf Jesus dürfen
wir jedoch glauben, dass uns weder Trübsal noch Bedrängnis, ja
nicht einmal der Tod von deiner Liebe trennen. Erhalte, stärke
und festige uns in diesem Glauben und führe unsere/n Verstorbenen zum neuen Leben.

Gott, schenk deine Herrlichkeit,
deine Zukunft und Treue unserer/unserem Verstorbenen.
Es kann doch nicht einfach alles,
was sie/er uns bedeutet und gegeben hat, verloren sein.
Lass uns glauben, dass der Tod
die Geburt zu einem neuen Leben ist.
Nimm N. in deine Arme
und lass jetzt für sie/ihn alles gut sein.

Geburt zu neuem Leben

Gott, du hast in der Auferstehung deines Sohnes gezeigt,
dass deine Liebe stärker ist als all die Angst und die Qual,
die Menschen in dieser Welt zu erdulden haben,
als all das Unheil, das wir erfahren oder das uns niederdrückt.
In Jesus ist über unserem Leben
und über unserer Welt das Licht der Hoffnung aufgegangen,
ein Licht, das nicht mehr verlöschen kann,
das uns Verzagten leuchtet auf unserem Weg.
Lass uns im Blick auf Jesus Trost und Kraft finden.

Die Liebe ist stärker

Wir preisen dich, Gott Vater,
weil du durch die Auferstehung Jesu
Licht in die Finsternis des Todes gebracht hast.
In der Taufe hast du uns schon mit ihm sterben lassen
und uns neues Leben geschenkt.
Darum ist der Tod kein Ende,
sondern Beginn der endgültigen Gemeinschaft
mit unserem Erlöser.
Stärke in uns die Hoffnung auf das Leben bei dir
und lass unsere/n Verstorbene/n geborgen sein bei dir.

Der Tod ist kein Ende

Dank für die gemeinsame Zeit

Wir danken dir, Herr, Gott, für diesen Menschen,
der so nahe und kostbar war
und der uns (plötzlich) entrissen wurde aus unserer Welt.
Wir danken dir für alle Freundschaft, die von ihm ausgegangen,
für allen Frieden, den er gebracht hat.
Trotz der menschlichen Mängel und Fehler
war sie/er ein liebenswerter Mensch.
Sie/er möge fortleben in ihren/seinen Kindern,
in ihrem Herzen und im Wagnis ihres Lebens,
in ihrem Denken und Gewissen.
Lass uns alle einmal erfahren,
dass du ein treuer und barmherziger Gott bist.

(nach Huub Oosterhuis)

Den Tod für sinnvoll halten

Gott, lass den Glauben und die Hoffnung in uns wachsen, denn nur so können wir das Leben bestehen und alles Sterben von Tag zu Tag und auch den Tod am Ende für sinnvoll halten.
Bestärke uns im Glauben, dass du, Gott, uns die große Verwandlung durch den Tod hindurch schenken wirst.

Führe uns zum Guten

Gott, du gönnst uns das Licht unserer Augen,
du hast unsere Geburt gewollt.
Nicht für das Dunkel hast du uns geschaffen,
nicht für den Tod,
sondern um zu leben auf dich hin mit ganzem Herzen.
Sei daher auch barmherzig und nimm unsere/n Verstorbene/n
und uns selbst bei der Hand.
Führe uns zum Guten, zum Leben.

Lesungen

Gott blickt auf alle Menschen mit liebevollen Augen
und er schaut auf alle Bewohner der Erde mit gütigem Herzen.
Er kennt die Geheimnisse eines jeden Lebens,
Schönes und Schweres, Helles und Dunkles;
er merkt auf, was einer tut und was einer unterlässt.
Nichts hilft den Mächtigen ihre Rüstung,
nichts nutzt dem Helden seine große Kraft.
Gewalt bringt keinen Sieg,
und eigene Stärke bringt keine Rettung.
Doch das Auge Gottes ruht auf denen, die leben im Blick auf ihn,
die auf seine Güte hoffen, dass er ihr Leben vom Tode errette
und sie erhalte, wenn sie bedroht sind.
Darum sehnt sich unsere Seele nach dir, Gott,
und unser Herz freut sich deiner.
Deine Güte möge uns umfangen und alle Wege geleiten;
unsere Hoffnung bist du und das Ziel unserer Lebensreise.

(nach Psalm 33)

Leben im Blick auf Gott

Ich hebe meine Augen auf zu den Bergen: Woher kommt mir Hilfe? Meine Hilfe kommt vom Herrn, der Himmel und Erde gemacht hat.
Er lässt deinen Fuß nicht wanken; er, der dich behütet, schläft nicht. Nein, der Hüter Israels schläft und schlummert nicht.
Der Herr ist dein Hüter, der Herr gibt dir Schatten;
er steht dir zur Seite. Bei Tag wird dir die Sonne nicht schaden noch der Mond in der Nacht.
Der Herr behüte dich vor allem Bösen, er behüte dein Leben.
Der Herr behüte dich, wenn du fortgehst und wiederkommst, von nun an bis in Ewigkeit.

(Psalm 121)

Woher kommt mir Hilfe?

**Die Huld des
Herrn währt
ewig**

Der Herr vollbringt Taten des Heiles,
Recht verschafft er allen Bedrängten.
Der Herr ist barmherzig und gnädig,
langmütig und reich an Güte.
Wie ein Vater sich seiner Kinder erbarmt,
so erbarmt sich der Herr über alle, die ihn fürchten.
Denn er weiß, was wir für Gebilde sind;
er denkt daran: Wir sind nur Staub.
Des Menschen Tage sind wie Gras,
er blüht wie die Blume des Feldes.
Fährt der Wind darüber, ist sie dahin;
der Ort, wo sie stand, weiß von ihr nichts mehr.
Doch die Huld des Herrn währt immer und ewig
für alle, die ihn fürchten und ehren.

(aus Psalm 103)

**Die Erde ist
voll deiner
Güte**

Lobe den Herren, meine Seele!
O Herr, mein Gott, wie groß bist du!
Pracht und Hoheit ist dein Gewand,
du hüllst dich in Licht, wie in ein Kleid.
Da tritt der Mensch heraus, an sein Werk,
an seine Arbeit bis zum (Lebens-)Abend.
O Herr, wie sind deiner Werke so viel!
Du hast sie alle mit Weisheit geschaffen,
die Erde ist voll deiner Güte.
Du erneuerst das Antlitz der Erde!
Die Herrlichkeit des Herrn währt ewig.
So will ich dem Herrn singen, mein Leben lang.
Ich will meinem Gott aufspielen, solange ich bin.
Möge mein Dichten ihm gefallen.

(aus Psalm 104)

Wenn Gott uns heimführt
aus den Tagen der Wanderschaft,
uns heimbringt aus der Dämmerung
in sein beglückendes Licht,
das wird ein Fest sein!
Wir werden singen, tanzen und fröhlich sein:
Denn er führt uns heim
aus dem Hasten in den Frieden,
aus der Armut in die Fülle.
Die Suchenden finden endlich ihr Du.
Niemand quält sich mehr
mit der Frage „Warum".
Es werden verstummen, die Gott
Vorwürfe machten.
Wir werden schauen, ohne je an ein
Ende zu kommen.
Wenn Gott uns heimführt,
das wird ein Fest sein.
Wer sät in Betrübnis,
wird ernten in Freude.
Denn Gott, unser Gott,
ist ein Gott der ewigen Schöpfung,
ein Gott,
der mit uns die neue Erde,
den neuen Himmel gestaltet.
Er lässt uns kommen und gehen,
lässt uns sterben und auferstehen.

(Martin Gutl, nach Psalm 126; Ausschnitt)

**Es wird ein
Fest sein**

Du bist bei mir

Herr, du kennst mich durch und durch
und liebend bejahst du mich.
Ob ich gebeugt oder aufrecht bin, du weißt warum,
Mein Denken kennst du, bevor es beginnt.
Mein Wort ist noch nicht laut geworden,
hast du es schon in deinem Herzen gehört.
Du umfängst mich mit deiner Liebe, und deine Hand
gibt mir Kraft und Schutz, denn ich gehöre dir.
Dies von dir zu wissen, ist für mich so herrlich und befreiend,
so unbegreiflich, dass ich es nur ahnen kann.
Wohin ich auch komme, du bist „Der Da Ist Bei Mir"!
Begebe ich mich in deine Nähe, so bist du für mich da.
Entferne ich mich von dir, bist du mir trotzdem nahe.
Könnte ich mich verflüchtigen wie das Morgenrot
und untergehen in der Endlosigkeit des Meeres,
auch dort würdest du mich bergen,
mich umgeben mit Liebe und Treue.
Würde ich mich losreißen von dir, mich hinwenden zum Bösen,
du würdest mich finden, um mich zu lieben.
Die Dunkelheit meines Lebens lässt du leuchten wie der Tag
sie wird zum strahlenden Fest.   *(nach Psalm 139)*

Schrei nach Erlösung und Befreiung

Herr, höre mein Gebet, vernimm mein Flehen.
In deiner Treue erhöre mich, in deiner Gerechtigkeit.
Geh nicht ins Gericht mit deinem Knecht:
Denn keiner, der lebt, ist gerecht vor dir!
Ich denke an die vergangenen Tage,
sinne nach über all dein Tun, erwäge das Werk deiner Hände.
Ich breite nach dir die Hände aus,
meine Seele dürstet nach dir wie lechzendes Land.
Herr, erhöre mich bald!   *(aus Psalm 143)*

Gott des Lebens, Gott der Ewigkeiten,
ich rufe aus der Zisterne des Todes.
Du übersiehst mich nicht.
Was auch alle außerhalb meiner Zisterne reden und deuten,
mein Wesen erreichen sie nicht.
Du allein siehst auf den Grund.
Ich hatte mich selbst in einer Zisterne verriegelt, für immer.
Gott der Fülle und der Größe, Gott der Fernen und der Nähen,
Gott des Lebens und Gott über den Tod.
Wölbe meine Zisterne in deinen Himmel empor
und führe mich in dein ewiges Leben.
Öffne mir die Tür in dein Zuhause, wo ich meine Tränen abwischen und mein krankes Herz heilen kann.
Du lebender Gott, in jedem Tod der Erde, auch in dem meinen,
fülle meine Zisterne mit lebendigem Wasser
und heiße mich in den Morgen aufsteigen,
in die strahlenden Höhen und Weiten
und in deine vergebende Fülle.

(nach Psalmmotiven)

Ich rufe aus der Tiefe

Jakob zog aus Beerscheba weg und ging nach Haran. Er kam an einen bestimmten Ort, wo er übernachtete, denn die Sonne war untergegangen. Er nahm einen von den Steinen dieses Ortes, legte ihn unter seinen Kopf und schlief dort ein. Da hatte er einen Traum: Er sah eine Treppe, die auf der Erde stand und bis zum Himmel reichte. Auf ihr stiegen Engel Gottes auf und nieder. Und siehe, der Herr, stand oben und sprach: Ich bin der Herr, der Gott deines Vaters Abraham und der Gott Isaaks.
Ich bin mit dir, ich behüte dich, wohin du auch gehst, und bringe dich zurück in dieses Land. Denn ich verlasse dich nicht, bis ich vollbringe, was ich dir versprochen habe. Jakob erwachte

Ich behüte dich, wohin du auch gehst

aus seinem Schlaf und sagte: Wirklich, der Herr ist an diesem
Ort, und ich wusste es nicht. Furcht überkam ihn, und er sagte:
Wie ehrfurchtgebietend ist doch dieser Ort! Hier ist nichts an-
deres als das Haus Gottes und das Tor des Himmels.

(Gen 28,10–13,15–17)

Beim Namen   So spricht der Herr, der dich erschuf:
gerufen   Fürchte dich nicht, denn ich habe dich erlöst. Ich habe dich bei
deinem Namen gerufen, mein bist du. Wenn du durchs Wasser
gehst, werden dich die Ströme nicht wegreißen, denn ich bin bei
dir. Gehst du durchs Feuer, wirst du nicht versengt, und die
Flamme verbrennt dich nicht.
So spricht der Herr, der im Meer einen Weg bahnt, durch die ge-
waltigen Wasser einen Pfad. Denkt nicht an das Frühere, achtet
nicht auf das Vergangene. Seht, ich schaffe Neues. Schon sprosst
es, merkt ihr es nicht? Ja, ich mache einen Weg in der Wildnis,
Pfade in der Wüste. Ich spende der Steppe Wasser und lasse
Quellen sprudeln in der Wüste.   *(Jes 43,1f.16.18–20)*

Fürchte dich   Jetzt aber, so spricht der Herr, der dich geschaffen hat
nicht   und der dich geformt hat:
Fürchte dich nicht, denn ich habe dich ausgelöst,
ich habe dich beim Namen gerufen,
du gehörst mir.
Wenn du durchs Wasser schreitest, bin ich bei dir,
wenn durch Ströme, dann reißen sie dich nicht fort.
Wenn du durchs Feuer gehst, wirst du nicht versengt,
keine Flamme wird dich verbrennen.
Denn ich, der Herr, bin dein Gott,
ich, der Heilige Israels, bin dein Retter.   *(Jesaja 43,1–3)*

Ja, so spricht der Herr: Jubelt Jakob voll Freude zu und jauchzt über das Haupt der Völker! Der Herr hat sein Volk gerettet, den Rest Israels. Er spricht: Seht, ich bringe sie heim aus dem Nordland und sammle sie von den Enden der Erde, darunter Blinde und Lahme, Schwangere und Wöchnerinnen, als große Gemeinde kehren sie hierher zurück. Weinend kommen sie, tröstend geleite ich sie. Ich führe sie an Wasser führende Bäche, auf einen ebenen Weg, wo sie nicht straucheln. Ich verwandle ihre Trauer in Jubel, tröste und erfreue sie nach ihrem Kummer.

(Jer 31,7–9.13)

Der Herr hat sein Volk gerettet

Voller Freude warten wir auf die Zeit, wo wir Gott in seiner ganzen Herrlichkeit sehen werden. Aber wir freuen uns auch jetzt schon mitten im Leid, denn wir wissen, dass das Leid unsere Ausdauer stärkt. Die Ausdauer lässt uns alle Prüfungen des Lebens bestehen, und wenn wir sie bestehen, wächst die Hoffnung. Unsere Hoffnung aber wird nicht enttäuscht, denn der Heilige Geist, den wir empfangen haben, lässt uns jetzt schon spüren, wie sehr Gott uns liebt. *(Röm 5,1–5)*

Auch die Hoffnung wächst

Gott ist auf unserer Seite, wer kann uns dann noch etwas anhaben? Er schonte nicht einmal seinen eigenen Sohn, sondern ließ ihn für uns alle sterben. Wird er uns dann mit ihm nicht alles schenken? ... Jesus Christus ist ja für uns gestorben. Mehr noch: Er ist vom Tod erweckt worden! Er sitzt an Gottes rechter Seite und tritt für uns ein. Kann uns dann noch jemand von Christus und seiner Liebe trennen? Etwa Leiden, Not, Verfolgung, Gefahr und Tod? ... Durch Jesus Christus hat Gott uns seine Liebe geschenkt. Darum gibt es in der Welt nichts, was uns jemals von der Liebe Christi trennen kann. *(Röm 8,31–33; 34b–3)*

Gott auf unserer Seite

Alles hat seine bestimmte Stunde

Alles hat seine bestimmte Stunde,
jedes Ding unter der Sonne hat seine Zeit.
Geboren werden hat seine Zeit,
und sterben hat seine Zeit.
Pflanzen hat seine Zeit,
und ausreißen hat seine Zeit.
Lachen hat seine Zeit,
und weinen hat seine Zeit.
Einreißen hat seine Zeit,
und aufbauen hat seine Zeit.
Klagen hat seine Zeit,
und tanzen hat seine Zeit.
Steine werfen hat seine Zeit,
und Steine sammeln hat seine Zeit.
Umarmen hat seine Zeit,
und sich meiden hat seine Zeit.
Zerreißen hat seine Zeit,
und nähen hat seine Zeit.
Suchen hat seine Zeit,
und verlieren hat seine Zeit.
Und schweigen hat seine Zeit,
und reden hat seine Zeit.
(nach Koh 3,1–7)

Ein Freund des Lebens

Du liebst alles, was ist, und verabscheust nichts von allem, was du gemacht hast; denn hättest du etwas gehasst, du hättest es nicht geschaffen. Wie könnte etwas ohne deinen Willen Bestand haben oder wie könnte etwas erhalten bleiben, das nicht von dir ins Dasein gerufen wäre? Du schonst alles, weil es dein Eigentum ist, Herr, du Freund des Lebens. Denn in allem ist dein unvergänglicher Geist.
(Weis 11,24–12,1)

Und Mose sprach: Leben und Tod lege ich dir vor, Segen und Fluch. Wähle also das Leben, damit du lebst, du und deine Nachkommen. Liebe den Herrn, deinen Gott, höre auf seine Stimme, halte dich an ihm fest; denn er ist dein Leben.

Wähle das Leben!

(Dtn 30,19–20)

Wir wissen: Wenn unser irdisches Zelt abgebrochen wird, dann haben wir eine Wohnung von Gott, ein nicht von Händen er-richtetes ewiges Haus im Himmel. Wir sind also immer zuver-sichtlich, auch wenn wir wissen, dass wir fern vom Herrn in der Fremde leben, solange wir in diesem Leib zu Hause sind; denn glaubend gehen wir unsern Weg, nicht schauend. Deswegen su-chen wir unsere Ehre darin, dem Herrn zu gefallen. Denn wir al-le müssen vorm Richterstuhl Christi offenbar werden; damit je-der den Lohn empfängt für das Gute oder Böse, das er im irdi-schen Leben getan hat.

Eine Wohnung bei Gott

(2 Kor 5,1.6–7.9a.10)

Johannes schreibt an die Gemeinde in Smyrna: Diese Botschaft kommt von dem, der das Erste und das Letzte ist, der tot war und wieder lebt. Ich weiß, dass ihr verfolgt werdet und dass ihr arm seid. Aber in Wirklichkeit seid ihr reich. Ich kenne eure Mühsal. Habt keine Angst wegen der Dinge, die ihr noch erle-ben müsst. Haltet durch, auch wenn es euch das Leben kostet. Seid getreu bis in den Tod, dann werde ich euch als Siegeszei-chen ewiges Leben schenken.

Ich werde euch das Leben schenken

(nach Offb 2,8–10)

Fürbitten

Gerade die Fürbitten bieten Raum für persönliche Gedanken und Worte. Deshalb sollte darauf geachtet werden, dass Angehörige, vor allem Kinder und Enkelkinder, oder Mitschüler/innen, Arbeitskolleg/inn/en oder andere Nahestehende die Fürbitten selbst formulieren und vortragen.

Die Fürbitten werden noch vertieft, wenn dazu kleine Rituale vollzogen werden, z. B. könnte jede/r bei der Fürbitte eine Kerze an der Osterkerze entzünden und in eine Schale mit Sand stecken oder als Schwimmkerze in eine Schale mit Wasser legen.
Andere Möglichkeiten: Bei jeder Fürbitte ein paar Weihrauchkörner auf glühende Kohlen legen oder eine Blume (Lieblingsblumen der/des Verstorbenen) in eine Vase stecken.

• Liebe Mama, immer warst du in Bewegung, durch die Arbeit im Haus, im Garten und vor allem für uns und deine Mitmenschen. Nur bei deinen geliebten Bergwanderungen hast du dir Augenblicke der Stille und des Genießens gegönnt. Wir bitten: Gott, schenke ihr nun Ruhe und Frieden.
• Liebe Oma, ich möchte dir Danke sagen für alles, was du uns Enkeln getan hast. Dein größtes Geschenk und deine Gabe aber war sicher, dass du dir immer Zeit genommen hast – für eine Geschichte oder für ein Spiel. Lieber Gott, wir bitten dich, lass nun auch unsere Omi Liebe und Güte von dir erfahren.
• Liebe Patin, deine Hand hat nun losgelassen. Gott vergelte dir alles, was du uns in Liebe getan hast. Wir bitten um die Kraft, auch loslassen zu können und darauf zu vertrauen, dass die Vaterhände Gottes uns in diesen schweren Stunden führen und trösten.

- Unser Opa ist überraschend schnell gestorben. Wir sind betroffen und bitten dich: Schenke ihm das Leben in Fülle in Gemeinschaft mit dir.
- Wir bitten für unsere Oma und uns alle, die trauern, dass wir Kraft und Trost für das weitere Leben finden.
- Schenke allen Kranken einen Stern der Hoffnung, wenn es in ihren Herzen dunkel ist. Hilf ihnen, in dieser schweren Zeit den Glauben an dich nicht zu verlieren.
- Lieber Gott, wir danken dir für die Zeit, die wir mit unserem Opa verbringen durften. Wir bitten dich, schenke uns auch weiterhin Wegbegleiter, die in guten und schlechten Zeiten für uns da sind.
- Wir waren unserer Oma immer sehr wichtig, und sie hat sich für unser Leben interessiert. Wir bitten für alle, die auf der Suche nach Menschen sind, die zuhören können und Zeit haben!
- Wir bitten für unseren Opa und alle Verstorbenen. Gott, lass sie alle bei dir den ewigen Frieden finden!
- Gott, wir bitten für alle, die krank oder dem Tod nahe sind. Stärke sie auf ihrem Leidensweg und lass sie Begleitung durch einen lieben Menschen erfahren!
- Gib uns die Kraft, dass wir daran glauben, dass der Tod nicht das Ende, sondern der Anfang eines neuen Lebens ist!
- Wir danken dir, liebe Mama, für alles, was du für uns getan hast, und bitten Gott, dass du uns weiterhin mit deiner Liebe nahe bist!
- Gott, wir bitten dich für alle, die in N. einen lieben Menschen verloren haben und traurig sind. Lass sie spüren, dass du bei ihnen bist.
- Es fällt uns schwer, Misserfolge, Krankheiten und Leiden in unserem Leben anzunehmen. Lass die Familie wieder Lebensmut und Frieden finden.

- Menschen leiden an körperlichen und seelischen Gebrechen und leben in großer Einsamkeit. Schenke ihnen neue Kraft und Hoffnung.
- Gib uns Mut, den Weg zum Leben zu gehen, den Weg, den auch Jesus durch Leid und Tod gegangen ist. Lass N. bei dir für immer leben.
- Wir bitten dich für unsere Angehörigen, an die wir heute ganz besonders denken. Umhülle sie mit deiner Liebe, fülle alles Mangelhafte auf und schenke ihnen das Leben in Fülle.
- Wir beten für alle, die um einen lieben Menschen trauern. Lass sie dankbar sein für alles Gute, das sie von ihren Verstorbenen empfangen haben, und schenke ihnen Trost durch den Glauben an ein Wiedersehen.
- Wir bitten dich für alle unsere verstorbenen Angehörigen, Freunde und Bekannten. Lass sie deine Güte erfahren und in deinem Frieden leben.
- Wir beten für uns selbst, die wir das Sterben noch vor uns haben. Lass uns so leben, wie es deiner Liebe entspricht, damit wir vor dir bestehen können.

Anmerkung: Liturgisch richtig sind Fürbitten Bitten für andere. Beim Verlust eines lieben Menschen scheint es mir jedoch angebracht, dass die Trauernden auch eine Bitte für sich selbst sprechen.

Dankgebete

Immer wieder danken

Gott, unser Vater, trotz aller Trauer haben wir Grund und ist es für uns gut, dir immer wieder zu danken. Du hast uns von Geburt an geliebt. Du hast uns für das Leben geschaffen, nicht für den Tod. Unsere Erde, unser Leben, gemischt mit Freude und Leid, wird zum Ort deines Wirkens und deiner Barmherzigkeit. Unsere Freude, die rasch vorübergeht, wird uns zum Anfang ewiger

Freude. Nicht der Tod ist unser Erlöser, weil er ein Ende macht, unser Erlöser bist du, der du im Tod neues Leben schenkst. Einmal wirst du auch unsere Tränen von den Augen abwischen und dann gibt es kein Leid, keine Trauer und keinen Tod. Dann preisen wir dich mit allen, die schon vorausgegangen sind, mit allen Engeln und Heiligen und singen: Heilig, …

Wir danken dir, Herr und Gott, auch wenn es uns schwer fällt, sobald wir an den Tod denken. Er ist die Grenze, die sich nicht hinausschieben lässt. Er ist der Abschied, der uns schmerzt. Er ist der Punkt, an dem sich nicht mehr weiterfragen lässt. Trotzdem danken wir dir, weil er uns erfahren lässt, was Leben heißt. Wir danken dir für jeden neuen Tag, den du uns schenkst. Hinter der Grenze des Todes ahnen wir dich, den Herrn über Leben und Tod.
Dich preisen wir mit allen Menschen, die vor uns gelebt haben, mit allen Menschen, um deren Tod wir trauern, und singen vereint mit ihnen das Lob deiner Herrlichkeit.

Hinter der Grenze des Todes

Wir danken dir, Gott, für deinen Sohn Jesus Christus:
Er ist den Tod am Kreuz gestorben,
er hat dem Grab seine Schrecken genommen,
er hat deine Treue bezeugt,
er hat den Samen Hoffnung gesät,
er hat die Spur der Liebe hinterlassen,
er hat uns Vertrauen eingestiftet,
er hat uns gelehrt,
dass wir von dir mit offenen Armen erwartet werden.
Wir danken dir, Gott, für unseren Bruder Jesus Christus.
Er ist unsere Hoffnung, unser Trost.

Unsere Hoffnung und unser Trost

Gott, wir danken dir für N., für die Jahre, die wir mit ihr/ihm erleben durften. In dieser Zeit ist viel geschehen. Unser gemeinsamer Weg führte uns über Höhen und Tiefen, kannte Freude und Erfüllung, aber auch Enttäuschung.

Wir danken dir, dass wir sie/ihn trotz ihrer/seiner schweren Erkrankung so lange bei uns haben durften. All die Menschen und Ereignisse, denen sie/er und wir begegneten, bringen wir mit zu dir.

Wir denken an unsere Familien, an gemeinsame Freuden und an gemeisterte Krisen. Wir denken an alles, was wir mit unserer/m N. erleben durften. So haben wir trotz allem Grund zu danken.

Papa ist von uns gegangen

Papa, du bist von uns gegangen und dein Tod hinterlässt eine große Lücke in unserem Leben. Denn du hattest deine einmalige Weise, für uns alle da zu sein. Deine Art zu lächeln oder uns anzuschauen, wird uns stets in Erinnerung bleiben. Wir konnten deine Stimme oder den Klang deiner Schritte aus vielen heraushören. Immer freundlich und hilfsbereit, so bist du uns begegnet, und damit hast du uns auch gezeigt, wie sehr du uns liebst.

Ja, die Welt ist ohne dich ein Stückchen ärmer geworden. Papa, du warst ein Geschenk an uns und wirst bleibende Spuren in unseren Herzen hinterlassen. Danke, Papa, für alles! Dennoch wollen wir unseren Blick nicht auf das Verlorene richten, sondern voll Dankbarkeit auf das schauen, was uns bleibt.

Wir danken dir, Gott, für all das Schöne, Freundliche und auch Schmerzliche, das wir mit unserem Papa erlebt und empfunden haben. Wir haben viel miteinander gelacht, manchmal auch geweint. All das können wir wie einen kostbaren Schatz in unserem Herzen bewahren.

Wir danken dir auch, dass wir unseren Papa auf seinem schweren Leidensweg begleiten durften und so auch Zeit hatten, uns von ihm zu verabschieden.

- Danke für deine gute Laune und für dein fröhliches Lächeln, das du uns Tag für Tag geschenkt hast.
- Mich hat am Opa vor allem seine Fröhlichkeit und seine Lebensfreude fasziniert. Er war eigentlich nie streng und konnte Dinge oft zehnmal erklären, ohne dabei die Geduld zu verlieren. Opa sah in allen schlechten Dingen etwas Positives, um sich dann daran erfreuen zu können. Vielen Dank für alles.
- Danke für deine Freundlichkeit und Herzlichkeit und die vielen schönen Stunden mit dir.
- Ich denke jetzt an den Opa. Wie er immer tapfer war, obwohl er lange einen offenen Fuß gehabt hat. – Trotzdem hat er nie gejammert und war immer gut aufgelegt.
- Lieber Opa, ich wünsche, dass du mein Schutzengel wirst!

Friedensgebete

Lebendiger Gott! Der Tod kommt über uns zu einer Stunde, da wir es nicht vermuten; er ist für uns nicht berechenbar.
Das Wissen, dass Christus ihn überwunden hat, nehme uns die große Furcht, weil wir hoffen dürfen, einmal teilzunehmen an deiner unvergänglichen Herrlichkeit, nach der wir uns so wenig sehnen, weil wir sie nicht kennen. Mach uns zu Menschen, die reif werden für dich! Nimm du unser Erschrecken und unsere Trauer auf in deinen Frieden.

Gott, du lenkst unser Leben nach deinen Plänen. Für dich sind wir geschaffen und füreinander. Unruhig ist unser Herz, bis es ruht in dir.
Wir bitten dich: Sei uns nahe in allen Stunden. Lass uns dich suchen, du Licht unserer Dunkelheit. Lass uns unterwegs bleiben zu dir, du Sehnsucht unserer Wege.

Lass uns nach aller Unrast des Lebens bei dir den wahren und bleibenden Frieden finden.

Gott, mein Vater, führe mich an deiner Hand aus Finsternis zum Licht, vom Hass zum Frieden, aus Lüge zur Wahrheit, vom Egoismus zur Liebe, aus Oberfläche zur Tiefe, vom Unwirklichen zum Wirklichen, aus Heimatlosigkeit zur Geborgenheit, vom Vergänglichen zum Bleibenden, vom Vorläufigen zum Endgültigen, aus Sünde zur Vergebung, vom Tod zum Leben, aus Verlorenheit zu deiner unendlichen Barmherzigkeit. Amen.

Texte zur Besinnung

Evtl. nach der Kommunion

Ich bin unendlich geborgen bei dir, denn du bist immer bei mir. Wenn ich von schweren Gedanken bedrängt werde, meine Schwächen schmerzlich erleide, mir in dunklen Stunden selbst fremd bin, mich in Konflikten des Alltags verletze, mir Kritiker hart meine Grenzen zeigen, und ich mitten im Leben mein Sterben kommen spüre, weiß ich mich dennoch von deiner Hand gehalten.
Ich bin unendlich geborgen, denn du bist immer bei mir.
Deine Nähe umgibt mich Tag und Nacht. Du holst mich von falschen Wegen zurück. Du nährst mich im Hunger mit Brot und Wein. Deinen Namen hast du mit meinem verbunden. Du siegst für mich über finstere Gewalten. Dein Tisch reicht durch die Wand des Todes. Du meinst es auf ewig gut mit mir.
Ich bin unendlich geborgen, denn du bist immer bei mir.

(nach Psalm 23)

Lieber Vater im Himmel, dir gehören wir im Leben und Sterben. Steh uns bitte bei, dass wir nicht mutlos werden und dass wir die Last der Trauer tragen können.

Wir denken jetzt an unseren Papa und Opa, den du von uns genommen hast. Du weißt, wie er gelebt hat, wie gerecht er zu uns Kindern war, wie gutmütig er sich um seine Enkel gekümmert hat und wie liebevoll und geduldig er vor allem die letzten Jahre Mama betreut hat. Sein Leben war wirklich voller Fürsorge und Hingabe für seine Nächsten. Dankbar möchten wir die Spuren seines Lebens in uns bewahren.

Gib du, Herr, unserem lieben Papa und Opa nach der Unrast des zeitlichen Lebens ewige Heimat in deinem Reich.

Lass ihn für immer in deiner Treue geborgen sein. Uns aber befähige, einander zu trösten und aufzurichten. Lass uns so miteinander leben, dass niemand das Gefühl hat, verlassen zu sein. Und gib unserm Leben noch Ziele, für die zu leben sich lohnt.

Herr, dem wir gehören im Leben und Sterben, steh uns bei, dass wir nicht mutlos werden, dass wir die Last der Trauer tragen können, dass die Angst nicht zu mächtig wird, dass die Leere nicht zu groß wird.

Ziele, für die zu leben sich lohnt

Gott, wir denken vor dir an N., die/den du von uns genommen hast. Du weißt, wie sie/er gelebt hat und wie sie/ihn die Jahre geprägt haben. Dankbar erinnern wir uns an gute Zeiten und schöne Stunden, die ihr/ihm geschenkt waren und die wir mit ihr/ihm verbringen konnten. Aber auch die leidvollen Tage, die ihr/ihm auferlegt waren, stehen uns vor Augen.

Gib du, Herr, unserer/unserem lieben Verstorbenen nach der Unrast des zeitlichen Lebens ewige Heimat in deinem Reich. Lass sie/ihn für immer in dir geborgen sein.

Sich dankbar erinnern

Auf der anderen Seite des Weges

Der Tod ist eigentlich nichts.
Ich bin nur in das Zimmer nebenan gegangen.
Das, was ich für euch war, bin ich immer noch.
Gebt mir den Namen, den ihr mir immer gegeben habt.
Sprecht mit mir, wie ihr es immer getan habt.
Seid nicht feierlich oder traurig, lacht sogar,
worüber wir gemeinsam gelacht haben.
Betet für mich und denkt an mich.
Das Leben geht weiter,
und einmal sehen wir uns wieder.
Der Faden ist nicht durchschnitten.
Warum soll ich nicht mehr in euren Gedanken sein,
nur weil ich nicht mehr in eurem Blickfeld bin?
Ich bin nicht weit weg,
ich bin nur auf der anderen Seite des Weges.

(Charles Péguy)

Abschied nehmen

Wir müssen Abschied nehmen, Abschied von N.
Wir können es nicht fassen,
dass alles zu Ende sein soll:
das Gespräch, das schweigende Verstehen, das fröhliche
Miteinander, das gemeinsame Tun und das geteilte Leiden.
Wir wehren uns, lehnen uns auf, sagen:
Das kann doch nicht sein!
Hilf uns, Gott, der Wahrheit standzuhalten,
hilf uns zu trauern,
geduldig, Schritt für Schritt.
Lass uns dankbar werden für alles, was gewesen ist.
Lass uns erkennen, was bleibt.
Und hilf uns, zu hoffen auf die Zukunft bei dir.

Gott, mein Gott,
wie kurz bemessen
war die Zeitspanne
von meiner Kindheit
bis zum Altwerden!
Wie nahe zusammengerückt
sind die Jahre meines Lebens
in meiner Erinnerung!
Mir ist, als hätte ich alles durchmessen,
was Menschendasein ausmacht:
Freude und Leid,
Hoffnung und Verzweiflung,
Geborgenheit und Verlassensein,
Sinnerhelltes und Unbegreifliches,
Angst und Vertrauen.
Was bleibt,
wenn ich alles überschaue,
ist die Dankbarkeit für alles Schöne,
für alles, was gelang,
aber auch Ungeheiltes,
Bestürzung über manches Versagen.
Doch wie die Abendsonne
alles in ihr mildes Licht taucht,
so legt sich über das Gewesene
der tröstende Glanz deines Friedens.
Mit dir gehe ich Hand in Hand
in die Dämmerung,
die nun herabsinkt,
dem Licht entgegen,
dem keine Dunkelheit mehr
sich nahen kann.

(Sabine Naegeli)

**Mit Gott
Hand in Hand**

Wenn ein Mensch zu Gott geht, verlässt er uns nicht. Von ihm, der uns nahe stand, dessen Leben nun „umgewandelt, aber nicht genommen" ist, bleibt die Liebe. Alles andere vergeht. Sogar Glaube und Hoffnung. Doch die Liebe bleibt, die wahre, in Gott gegründete Liebe.

Gott ist so großmütig, dass er uns nicht nimmt, was er uns selbst geschenkt hat. Er gibt – aber auf andere Weise. Unser/e liebe/r Verstorbene/r ist uns auch weiterhin nahe, jetzt aber mit einer Liebe, die durch nichts mehr getrübt ist. Nein, wir haben unsere Lieben nicht verloren. Sie sind nur weggegangen, um an einem anderen Ort zu wohnen. Sie leben im Land des Vaters, sind in ihm. Durch ihn können sie mit uns und wir mit ihnen weiterhin verbunden sein: in der gegenseitigen Liebe, wie sie uns das Evangelium lehrt.

(Chiara Lubich)

Mein Werk ist vergangen

Herr, ich denke zurück. Ich gehe noch einmal den Weg durch alle meine Jahre. Nicht an meine Leistung denke ich. Sie ist gering. Nicht an das Gute, das ich getan habe. Es wiegt leicht gegen die Last des Versäumten.

An das Gute, das du mir getan hast, denke ich und danke dir. An die Menschen, mit denen ich gelebt habe, an alle Freundlichkeit und Liebe, von der ich mehr empfangen habe, als ich wissen kann. An jeden glücklichen Tag und jede erquickende Nacht. An die Güte, die mich bewahrt hat in den Stunden der Angst und der Schuld und der Verlassenheit.

An das Schwere, das ich getragen habe, denke ich. An Jammer und Mühsal, deren Sinn ich nicht sehe. Dir lege ich es in die Hand und bitte dich: Wenn ich dir begegne, zeige mir den Sinn. Ich denke zurück, Herr, an alle, die vielen Jahre. Mein Werk ist vergangen, meine Träume sind verflogen, aber du bleibst. Lass mich nun im Frieden aufstehen und heimkehren zu dir, denn ich habe deine Güte gesehen. Amen.

Herr, ich will nicht ausweichen. Ich weiß, dass ich einem Ziel zugehe, dass der große Markttag auf dieser Erde ein Ende hat und dass ich zuletzt eine Brücke brauche, die mich über den großen Strom trägt an ein anderes Ufer, an dem du mich empfängst.

An ein anderes Ufer

Nichts, Herr, werde ich hinübertragen, nichts, das ich besitze, nichts, das mir vertraut ist. Hilf mir, das Notwendige zu tun: dass ich mich frei mache von allem Ballast, dass ich mein Herz an nichts hänge, das ich doch nicht behalten kann; und nichts sammle, das ich nicht brauche, damit ich den letzten Schritt mit freiem Herzen tun kann.

Aber mein Herz hängt auch an Menschen. Das ist ihm erlaubt. Das ist ihm sogar geboten. Das ist gut. Das hast du selbst so gefügt. Ich liebe sie und will sie nicht loslassen, auch nicht auf dem letzten Schritt. So übergebe ich sie dir, wenn ich sie nicht mehr festhalten kann. Bewahre du sie, wenn es Zeit ist.

Herr, du selbst bist die Brücke. Ich gehe meinen Weg zaghaft. Aber ich vertraue dir, der du mich führen und tragen wirst. Ich weiß nicht, ob es leicht oder schwer sein wird hinüberzugehen. Aber ich will mich nicht fürchten. Ich verlasse mich auf dich.

Es gibt nichts, was uns die Abwesenheit eines lieben Menschen ersetzen kann ... und man soll das auch gar nicht versuchen; man muss es einfach aushalten und durchhalten. Das klingt sehr hart, aber es ist doch zugleich ein großer Trost; denn indem die Lücke wirklich unausgefüllt bleibt, bleibt man durch sie miteinander verbunden.

Aushalten und durchhalten

Es ist verkehrt, wenn man sagt, Gott füllt die Lücke aus; er füllt sie gar nicht aus, sondern er hält sie vielmehr unausgefüllt und hilft uns dadurch, unsere echte Gemeinschaft miteinander – wenn auch unter Schmerzen – zu bewahren. Ferner: Je schöner und voller die Erinnerung, desto schwerer die Trennung. Aber die Dankbarkeit verwandelt die Qual der Erinnerung in eine stille Freude. Man trägt das vergangene Schöne nicht wie einen Stachel, sondern wie ein kostbares Geschenk in sich. Man muss sich hüten, in den Erinnerungen zu wühlen, sich ihnen auszuliefern, wie man auch ein kostbares Geschenk nicht immerfort betrachtet, sondern nur zu besonderen Stunden, und es sonst nur wie einen verborgenen Schatz, dessen man sich gewiss ist, besitzt; denn dann geht eine dauernde Freude und Kraft von dem Vergangenen aus.

(Dietrich Bonhoeffer)

Abschied bedeutet loslassen

Abschied bedeutet loslassen,
und loslassen fällt uns schwer.
Ob es auch dem Baum schwer fällt,
seine Blätter loszulassen im Herbst?
Und ob es den Blättern schwer fällt,
sich vom Baum zu lösen?

Wir aber leben mit unserer reichen Fracht
von Erinnerungen: an Gespräche,
an Spaziergänge, an ein Lächeln,
ein liebes Wort. Erinnerungen an gemeinsam
erlebte Zeiten, die wir nun mit
niemandem mehr teilen können.
Wir lösen uns nicht so leicht
wie die Blätter im Herbst.
Aber: Was wir erlebten,
kann uns niemand nehmen.
Es ist unvergänglich geworden.

(Ruth Rau)

Vieles ist gereift
im Laufe eines langen Lebens.
Gedanken und Erfahrungen,
Einsichten und Werke haben sich geformt
und ihre Gestalt gefunden.
Aber damit die Frucht eines Lebens
weiterwirken kann,
muss sie einmal losgelassen werden.

Es fällt uns schwer,
diesem Lebensgesetz zu folgen.
Damit das Leben weitergeht,
müssen Früchte losgelassen werden.
Auch der Roggenhalm öffnet sich,
wenn seine Zeit gekommen ist,
und gibt seine reifen Körner her
als Nahrung für eine neue Saat.
Festhalten führt in Einsamkeit.
Erst durch das Loslassen
wird ein Leben vollendet.

(Ruth Rau)

Loslassen vollendet das Leben

Manchmal ist es mir, als ob du über die Stiege heraufkommen müsstest, als ob du an deinem gewohnten Platz in unserer Küche sitzen würdest, als ob du in der Stube ein Nickerchen machtest; manchmal ist es mir, als hörte ich deine Worte, deine Stimme, dein Lachen. Es ist die Sehnsucht in mir, die das wünscht, mein Herz, meine Seele in meiner Trauer.
Ich hätte dir noch so vieles sagen wollen, gemeinsame Zeit mit dir erleben wollen, es würden mir so viele Dinge einfallen, die ich mit dir hätte tun können.

Voller Sehnsucht

Doch es war Zeit für dich heimzugehen. Ganz sicher bist du uns viel näher, als wir ahnen. Die Liebe, die Erinnerung und das Gebet sind ein starkes Band, das uns zusammenhält.

Ich glaube, wenn der Tod unsere Augen schließt, dass wir in einem Lichte stehen, von welchem unser Sonnenlicht nur der Schatten ist. Deshalb vertraue ich, dass du, von dort aus, wo du bist, etwas von diesem Licht herschickst, zu mir, zu uns, in unser Haus, in unser Leben, in unser Herz, in unsere Trauer hinein, sodass wir dich auch spüren, auf ganz eigene Art, und immer wieder in unserem Alltag entdecken dürfen: Das ist ein Gruß von dir. Wie wohl tut das unserem Herzen!

Kurz ist unser Leben

Herr, seit Menschengedenken warst du unser Schutz. Du, Gott, warst schon, bevor die Berge geboren wurden, ehe die Erde unter Wehen entstand, und du bleibst in alle Ewigkeit.

Du sagst zu dem Menschen: Werde wieder Staub: So bringst du ihn dahin zurück, woher er gekommen ist.

Vielleicht leben wir siebzig Jahre, vielleicht sogar achtzig – doch selbst die besten Jahre sind Mühe und Last!

Wie schnell ist alles vorbei, und wir sind nicht mehr! Lass uns erkennen, wie kurz unser Leben ist, damit wir zur Einsicht kommen!

Herr, hab Erbarmen mit uns! Lass uns jeden Morgen spüren, dass du zu uns hältst; dann sind unsere Tage erfüllt von Jubel und Dank. Du, unser Gott, sei freundlich zu uns! Lass unsere Arbeit nicht vergeblich sein. Ja, du Gott des Lebens, lass gelingen, was wir tun!   *(nach Psalm 90)*

Du bist bei mir.
Du hörst mir zu.
Du nimmst mir die Angst.
Du schenkst mir Vertrauen.
Was ich auch tue,
du zeigst mir Verständnis.
Schreie ich auch oft:
„Du liebst mich nicht mehr!"
Du bleibst mir doch treu.
Ob ich bete oder grüble,
ob ich klage oder lobe,
bitte oder danke –, du bleibst bei mir,
mir näher, als mein Herz mir sein kann.
Gott, ich suche eine Hand,
die mich hält und ermutigt,
die mich beruhigt und beschützt.
Ich taste nach einer Hand,
die mich begleitet und führt,
die mich heilt und rettet.
Ich suche eine große Hand,
in die ich meine kleinen Hände
und auch mein Herz hineinlegen kann,
eine Hand, in der ich geborgen bin – ganz.   *(Martin Gutl)*

**Du nimmst
mir die Angst**

Herr: es ist Zeit. Der Sommer war sehr groß.
Leg deinen Schatten auf die Sonnenuhren,
und auf den Fluren lass die Winde los.
Befiehl den letzten Früchten voll zu sein,
gib ihnen noch zwei südlichere Tage,
dränge sie zur Vollendung hin und jage
die letzte Süße in den schweren Wein.

Herbst

Wer jetzt kein Haus hat, baut sich keines mehr.
Wer jetzt allein ist, wird es lange bleiben,
wird wachen, lesen, lange Briefe schreiben
und wird in den Alleen hin und her
unruhig wandern,
wenn die Blätter treiben.

(Rainer Maria Rilke)

Die zwei Kammern

Freude und   Eines Tages begegnete ich einer alten Frau.
Trauer   Ihr Gesicht hatte Furchen, kreuz und quer.
Über ihren Augen zogen sich traurige Linien zusammen,
aber in ihren alten Wangen
waren die Grübchen ihres Lachens geblieben.
Sie schaute mich an und sagte: „In deinem Gesicht
ist lauter Trauer, deine Augen sind ohne Glanz,
und dein Mund ist hart geworden."
„Ich bin in Trauer", sagte ich entschuldigend.
Da sagte die alte Frau: „Richte in deinem Herzen
zwei Kammern ein, eine für die Freude
und eine für die Trauer. Kommt Trauer über dich,
dann öffne die Kammer der Trauer.
Kommt aber Freude über dich,
dann öffne die Kammer der Freude."
Und mit einem Lächeln fügte sie bei: „Den Toten
ist wohler in den Kammern der Freude."

(Charlotte Knöpfli-Widmer)

Segensgebete

Der Herr, der das Dunkle und das Helle, das Mangelhafte und das Gute sieht, segne uns und behüte uns.

Er gebe uns die Kraft, weiterzugehen und seiner Botschaft zu trauen, dass Er bedingungslos liebt und vergibt, wenn wir einander vergeben.

Er lasse uns Menschen finden, die uns nahe sind, wenn wir nach Nähe suchen, die unsere Tränen sehen, wenn Trauer uns erfüllt.

Er lasse uns Menschen finden, die uns zuhören, wenn unser Herz voll ist von dem, was schmerzt, und die uns zugeneigt bleiben, wenn wir ratlos sind.

Er heile die Wunde der Trennung, und ihre Narben mögen uns nicht bitter machen.

Er schenke uns die Erinnerung an gute Tage, damit die Sehnsucht bleibt nach dem Ort ihrer Erfüllung – tief in uns selbst.

Gott, lebendige Quelle aller Hoffnung, Kraft und Liebe, segne uns, dass unser Leben reich wird, Frucht bringt und sich erfüllt. Behüte uns, dass wir bewahrt bleiben vor allem Unheil an Leib und Seele.

Gott lasse sein Angesicht leuchten über uns, dass wir uns getröstet wissen und geborgen in jedem Augenblick; und er sei uns gnädig, dass uns auch in dunklen Zeiten Zeichen der Hoffnung aufleuchten.

Gott erhebe sein Angesicht auf uns, dass die Strahlen seiner Liebe uns durchwärmen und unserem Leben Richtung weisen; und gebe uns Frieden, dass unsere Zerrissenheit heilt und wir in Einklang leben können mit uns und der Welt.

(nach Christa Spilling-Nöker)

Gott segne eure Trauer

Der Herr segne eure Trauer,
damit ihr nicht erstarrt vor Schmerz,
sondern Abschied nehmen
und euch behutsam lösen könnt,
ohne euch selbst verloren zu geben.

Der Herr segne eure Klage,
dass ihr nicht verstummt vor Entsetzen,
sondern herausschreien könnt,
was über eure Kraft geht
und euch das Herz zerreißt.

Der Herr segne eure Wut,
dass die Entmutigung euch nicht überwältige,
sondern die Kraft in euch wachse, für euch zu kämpfen,
trotz allem euer Leben zu wagen.

Der Herr segne eure Einsamkeit,
dass ihr Raum findet, Vergangenes zu ordnen,
ohne schnellen Trost zu suchen und in blinder Flucht
neues Unheil auf euch herabzuziehen.

Der Herr segne euer Fremdsein,
dass in eurem Zusammensein die stille Kraft wachse,
einander Vertraute zu werden,
ohne auf alles eine Antwort zu haben.

Der Herr segne und behüte euch,
dass ihr Unsicherheiten aushalten
und Ängste bestehen könnt,
bis ihr wieder festen Grund spürt unter euren Füßen
und ein neuer Tag euch sein Licht schenkt.

Musikalische Gestaltung

Hier kann ganz besonders auf die Persönlichkeit und das Leben der/s Verstorbenen wie auch auf die Wünsche und Vorschläge der Angehörigen eingegangen werden. Gottesloblieder oder moderne rhythmische Lieder, Orgel- oder Gitarrenbegleitung, Instrumentalmusik oder eine passende CD, alles kann seinen Platz haben und soll mit den Angehörigen oder Freunden und Bekannten durchbesprochen werden. Gerade auch durch die Auswahl der Lieder und der Musik bekommt der Gottesdienst eine persönliche Note.

Alles hat Platz

Es ist immer berührend, wenn Familienangehörige oder andere Nahestehende den Gottesdienst musikalisch oder mit Texten mitgestalten.

Zur Verabschiedung – Beerdigung

Gott, du Vater alles Lebendigen. Was wir sind und was wir haben: Es kommt von dir. Was wir begrüßen und was wir loslassen: Es bleibt in deiner Hand.

Kunst, zu leben und zu sterben

Wir bitten dich an diesem Sarg (Urne): Lehre uns die Kunst, zu leben und zu sterben. Umgib uns mit dem Schutzmantel deiner Liebe und öffne unsere Augen für den Weg, den du mit uns gehst.

Wir danken dir für N., die/den du uns geschenkt hast. Wir danken dir für alles, was uns mit N. verband. Du hast ihren/seinen Namen in deine Hand geschrieben. Du weißt, was sie/ihn erfreute. Du kennst ihre/seine Guttaten. Du weißt auch von ihren/seinen Grenzen. Du weißt auch, was sie/ihn bekümmerte. Vergib uns, wenn wir aneinander schuldig wurden. Nimm sie/ihn in deine guten Hände.

Uns alle aber schließe zusammen durch deinen Heiligen Geist, damit wir einander helfen und fördern und freigeben und – sei es im Leben, sei es im Sterben – dich ehren durch Jesus Christus, unseren Herrn. Amen.

(Klaus Bissinger)

Hin und her gerissen in der Hoffnung

Herr, unser Gott,
es war oft so schwer in den vergangenen Wochen, den Abschied vorauszufühlen und trotzdem Hoffnung zu zeigen.
Wir waren hin und her gerissen in der Hoffnung, das gemeinsame Leben könnte noch weitergehen, und im Wunsch nach dem Ende des Leidens und der Schmerzen.
Wir erleben unsere Hilflosigkeit und Ohnmacht in unseren menschlichen Grenzen. Wir rufen nach dir und können nur bitten:

Gib uns einen Halt in der Erinnerung daran, dass auch dein Sohn Jesus Christus unsägliche Schmerzen litt und in allem unseren Weg ging – auch im Sterben. Lass dies den Grund unserer Zuversicht sein, dass du uns nahe bist, und lass es den Grund unserer Hoffnung sein auf ein ganz anderes Leben bei dir, ohne die Schmerzen und ohne die Tränen.

Wir vertrauen dir N. an: Gib ihr/ihm Ruhe für immer. Dein Licht leuchte ihr/ihm. Erhalte in uns den Dank für alles, was sie/er für uns gewesen ist. Verbinde durch die Liebe das Vergangene mit dem, was kommt.

Und mache uns frei, diesen Tod anzunehmen – wie einmal auch unseren eigenen – durch Jesus Christus, deinen Sohn, der unser Bruder geworden ist. Amen.

(nach Chr. Zippert/J. Frank)

Gott, dein Licht leuchte ihm

Brüder und Schwestern,
um N. die letzte Ehre zu geben, stehen wir hier vor dem toten Leib, der uns von ihr/ihm übrig geblieben ist. Wir richten unsere Augen auf das Kreuz Jesu Christi, und in tastendem Glauben sprechen wir aus: dies ist nicht das Ende, denn du bist ein Gott der Lebenden.

Zum Zeichen unserer Hoffnung, dass du ihr/ihm und uns allen einen neuen und unsterblichen Leib geben wirst, und als Zeugnis unseres Glaubens an die Auferstehung segne ich diesen toten Leib im Namen des Vaters und des Sohnes und des Heiligen Geistes.

Lasst uns nun gehen und den toten Leib, den wir in dieser Stunde zum letzten Mal in unserer Mitte haben durften, wegtragen zu seinem Grab.

Wir geben ihn aus den Händen und legen ihn wieder in die Erde, in die Hände des lebendigen Gottes.

(nach Huub Oosterhuis)

In tastendem Glauben

Wir erleben unsere Ohnmacht

Gott, oftmals bist du uns fremd. Wir verstehen deine Wege mit uns nicht, nicht unser Leben, und auch nicht unseren Tod. Gerade angesichts des Sterbens eines lieben Menschen erleben wir unsere Ohnmacht. Und nun ist N. gestorben.

Wir bringen alles vor dich: das Gute und das, was uns traurig macht, das Gelungene und das Misslungene, auch das, was wir ihr/ihm schuldig geblieben sind und was wir bei der/dem Verstorbenen vermisst haben.

Wir bitten dich, Gott: Nimm du alles in deine Hand! Mach du heil, was wir nicht heilen konnten und nicht heil machen können. Nimm dich unser an und erbarme dich! Erbarme dich auch unserer/s Verstorbenen: Nimm sie/ihn in Frieden an. Erlöse sie/ihn – und uns alle, wenn die Nacht des Todes über uns kommt. Amen.

Am Grab

Was nehme ich mit ... ?

Mit mir gehen
Gelebtes, Ungelebtes
Geliebtes, Nichtgeliebtes
Gesagtes, Ungesagtes
Getanes, Ungetanes
Erkanntes, Nichterkanntes
Gerechtes, Ungerechtes …
Mein Gott
Du schaust auf volle und auf leere Kammern
wenn Du unsere Ernte sichtest und gewichtest
Lass Barmherzigkeit
in Deinen Augen sein
Deiner Güte lass mich gewiss sein

(Theresia Hauser)

Gott, wir glauben, dass du der Lebendige bist
und dass N. bei dir geborgen ist.
Wir wollen N. dir anvertrauen,
sie/ihn nicht festhalten, sondern loslassen.
Wir vertrauen darauf, dass sie/er bei dir glücklich ist.
Wir wollen sie/ihn nicht fesseln an unser Leben
und nicht binden an diese Welt.
Mach uns frei für ein lebendiges Leben
in österlicher Freude.
Und gib N. alles Licht und alles Leben.

Wir müssen uns fügen

Einen Menschen begraben,
den wir lieben, der uns geliebt hat,
mein Gott, wie schwer ist das!
Wir müssen uns fügen,
den Verlust wahrnehmen,
das Leid tragen.
Wir können es nicht,
wenn du nicht hilfst, Gott.
Wir bitten dich für die Angehörigen von N.:
Hilf ihnen trauern,
aber lass sie nicht in der Trauer versinken.
Wecke immer neu ihren Dank
und gib ihrer Hoffnung Kraft.
Die/den Verstorbene/n
vertrauen wir deiner Liebe an –
im Glauben an deinen Sohn Jesus,
der unseren Tod gestorben ist,
damit wir sein Leben teilen
jetzt und in Ewigkeit. Amen.

(Chr. Zippert/J. Frank)

Kraft und Trost finden

Herr, du bist nicht ein Gott der Toten, sondern lebendiger Menschen. In dir leben unsere Verstorbenen, die du heimgerufen hast. Wir gedenken aller, die wir liebten, aller, mit denen wir lebten. Was uns verbindet, ist deine Güte, mit der du sie und uns liebst. Du hast uns zugesagt, dass du uns alle beim Namen kennst, dass du uns in deiner Hand hältst und trägst, auch durch den Tod hindurch. Aus dem Glauben an dein Wort lass uns Kraft und Trost finden.

Tod und Grab sind nicht das Letzte

Du bist unsere Hoffnung, Gott, du Freund unseres Lebens. Tod und Grab sind nicht das Letzte. Hinter allem, was geschieht, steht deine Liebe. Du willst den lieben Menschen, die du uns genommen, die Vollendung schenken. Gib denen, die du heimgeholt hast, Anteil an deinem Leben, uns aber halte auf dem Weg zu dir.

Gott, erhöre unsere Bitten, und nimm alle Verstorbenen auf in die Freude deines Reiches. Vergib ihnen ihre menschlichen Schwächen und Fehler, lohne ihnen ihr Mühen und Arbeiten mit der Auferstehung zum ewigen Leben. Uns selbst aber schenke eine gute Sterbestunde und lass auch uns bei dir die Erfüllung unseres Lebens finden.

Etwas bleibt zurück

Von dem Menschen,
den du geliebt hast,
wird immer etwas in deinem Herzen zurückbleiben:
etwas von seinen Träumen,
etwas von seinen Hoffnungen,
etwas von seinem Leben,
alles von seiner Liebe.   *(Irmgard Erath)*

Wir stehen vor Gräbern.
Menschen sind uns vorausgegangen.
Wir leiden an Gräbern.
Ein leerer Platz an unserer Seite lässt sich nicht füllen.
In der Liebe ist keiner ersetzbar.
Wir fragen vor Gräbern:
Warum so früh? Warum überhaupt Tod?
Wie schön wäre eine Welt ohne Tod!
Gibt es ein Wiedersehen?
Wir schweigen. Wir hoffen. Wir beten.
Im Gebet wird das Grab uns zur Brücke.
Sie führt in die Zukunft bei Gott.

Warum überhaupt Tod?

Beim Hinuntersenken des Sarges

Vater, ich falle in deine Hände!
Ich falle ins Nichts
und erfahre die Fülle.
Ich falle in deine Hände!
Sie sind weit wie das Meer,
weit wie das All!
Deine Hände sind mein Zuhause.
Ein Daheim, das die Mauern nicht kennt.
Niemand kann mich verstoßen
aus der Heimat deiner Hände!
Und sterbe ich,
sinke ich in deine Hände
und bin geborgen in dir.

Lass mich in deine Hände fallen

(Martin Gutl)

Weihwasser　　N., im Wasser und im Hl. Geist wurdest du getauft.
Der Herr vollende an dir, was er in der Taufe begonnen hat.

Weihrauch　　Dein Leib war Gottes Tempel. Der Herr schenke dir ewige Freude. Aufsteigen möge unser Gebet wie Weihrauch vor das Angesicht Gottes.

Erde　　Ein mahnendes Zeichen ist uns diese Erde,
zu der wir zurückkehren als sterbliche Menschen.
Christus aber ist unsere Hoffnung auf Leben in Fülle.
N., von der Erde bist du genommen,
und zur Erde kehrst du zurück.
Doch der Herr wird dich auferwecken.

Kreuz　　Das Kreuz unseres Herrn Jesus Christus sei aufgerichtet über deinem Grab.
In diesem Zeichen hat er dich erlöst. Er führe dich zur Auferstehung und schenke dir seinen Frieden.

Dank　　Im Namen der Angehörigen darf ich allen ein herzliches Vergelts Gott sagen, die heute unsere/n lieben Verstorbene/n begleitet, hl. Messen gestiftet oder Spenden für einen guten Zweck gegeben haben.
Denken wir im Gebet weiterhin an sie/ihn.

Abschluss　　Herr, gib ihm und allen Verstorbenen die ewige Ruhe.
Und das ewige Licht leuchte ihnen.
Lass sie ruhen in Frieden und leben in Freude. Amen.
Oder:
Lass sie leben und Ruhe finden. Amen.

Segen am Grab

Gott segne und behüte uns,
damit wir in getroster Trauer von hier weggehen können.
Er lasse sein Angesicht über uns leuchten,
damit uns gute Gedanken in Zukunft begleiten.
Er erhebe sein Angesicht auf uns,
damit wir uns nie einsam und verlassen fühlen müssen.
Er gebe uns seinen Frieden,
damit wir innerlich zur Ruhe kommen und neue Hoffnung schöpfen.
Er umhülle uns mit dem Mantel seiner Liebe.
So segne uns der Vater, Sohn und Hl. Geist. Amen

(nach E. Scheibe)

Gottes Angesicht leuchtet über uns

Der Herr segne und beschütze uns. Der Herr erhelle das Dunkel, dass wir seinen Weg mit uns erkennen. Er habe Erbarmen mit uns und bleibe uns zugewandt. Er schenke uns allen das ewige Leben: Er, der allmächtige Gott, der Vater und der Sohn und der Hl. Geist.
A: Amen.

8. Tod von Kindern, Früh-, Fehl- und Totgeburten

Trauer braucht Zeit

Eine der schlimmsten Lebenserfahrungen ist der Tod von Kindern vor, während oder nach der Geburt bzw. der Tod der schon älteren Kinder. Die Trauer um ein verstorbenes Kind ist ein wichtiger und notwendiger Lebensprozess. Trauer braucht Zeit. Wie viel, ist individuell sehr verschieden.

Nicht gelebte Trauer kann auf lange Sicht zu psychischen und physischen Erkrankungen führen. In der Trauer dürfen alle Gefühle – Aggression bis Depression – Platz haben. Auch Partnerschaften können durch die Trauer um ein verstorbenes Kind belastet werden, denn Väter und Mütter trauern oft ganz verschieden. Die Trauer kann für eine gewisse Zeit auch sehr selbstbezogen sein. In einem gesunden Trauerprozess ist die Unterstützung aus dem sozialen Umfeld sehr wichtig.

Bei Früh-, Fehl- und Totgeburten

Tipps

- Bitten Sie um die Möglichkeit, sich in aller Ruhe und Intimität von Ihrem toten Kind zu verabschieden.
- Geben Sie Ihrem Kind einen Namen.
- Versuchen Sie, mit dem verstorbenen Kind zu sprechen.
- Wenn es Ihnen möglich ist, versuchen Sie, möglichst viele Handlungen selbst zu tun (das Kind ankleiden, zudecken, tragen oder hinaustragen ...)
- Es ist gut, wenn alle Familienmitglieder die Möglichkeit haben, sich von Ihrem Kind zu verabschieden, denn so existiert dieses Kind auch für sie ganz konkret.
- Rituale (Nottaufe, mit Weihwasser ein Kreuz machen, Kerze

anzünden, Blumen hinlegen ...) können sehr tröstlich sein.

- Vielleicht möchten Sie eine Taufkerze für Ihr Kind besorgen oder selber machen.
- Ein Foto von Ihrem verstorbenen Kind kann für Sie später sehr wichtig sein.
- Erkundigen Sie sich nach den Möglichkeiten der Beisetzung.
- Es ist gut, einen konkreten Trauerort (Grab) zu haben.

Rituale zum Abschied

Bei plötzlichem Kindestod oder dem Tod von schon etwas älteren Kindern

Auch hier gilt, dass die Eltern, Geschwister und nahe stehende Verwandte (Großeltern, Paten ...) sich vom verstorbenen Kind verabschieden sollten.

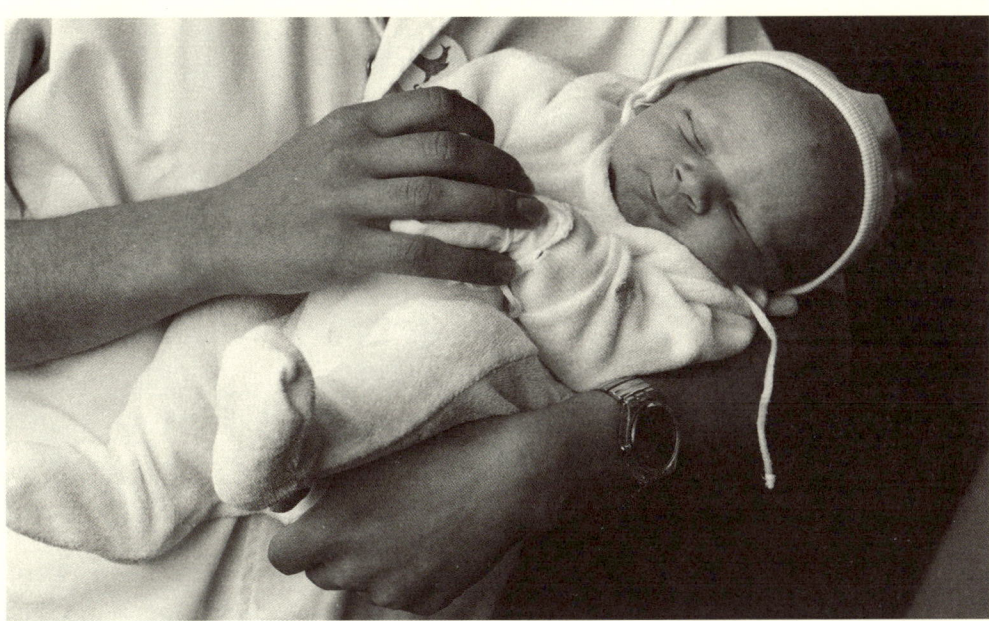

**Sich genü-
gend Zeit
nehmen**

Bei einem tödlichen Unfall oder auch beim Tod im Krankenhaus sollte alles darangesetzt werden, dass die toten Kinder – sofern die Eltern das wollen – nach Hause gebracht werden, damit für die Angehörigen die Möglichkeit der Verabschiedung gegeben ist. Dafür sollten Sie sich auch genügend Zeit nehmen.

Die Eltern und die betroffene Familie sollten so viel wie möglich selbst vornehmen, vom Anziehen und Aufbahren bis zum Gottesdienst und zur Beerdigung. Diese letzten Liebesdienste sind ein Trost für den Weg der Trauer.

Wir dürfen sicher glauben, dass unsere verstorbenen Kinder – getauft oder ungetauft – jetzt bei Gott sind. Das Gebet bringt die Trauer und Hoffnung zum Ausdruck. Es ist für alle Betroffenen sehr heilsam, im Ritual des Gottesdienstes und der Beerdigung sich vom toten Kind verabschieden zu können.

Gottesdienst und Beerdigung

**Persönliche
Gestaltung**

Die individuelle und persönliche Gestaltung ist auf jeden Fall wertvoll, Gebete sollten ehrlich formuliert werden.

- Auf das Särglein können Kinderspielsachen gelegt und mit ins Grab gegeben werden.
- Bei den Fürbitten können Kerzen angezündet, Blumen gebracht, Weihrauchkörner eingelegt, Sterne oder Schmetterlinge aufgeheftet werden u. a. m.
- Bei der Beerdigung ist es ein schönes Symbol, wenn die Trauergäste Sonnenblumenkerne in eine Schale mit Erde stecken.
- Falls größere Geschwister da sind, könnten diese eventuell für ihr verstorbenes Brüderchen/Schwesterchen ein Musikstück spielen.
- Es empfiehlt sich, nicht zu viele Worte zu machen und den Gottesdienst in schlichter Form zu feiern.

Gebete der Eltern

Unser Schmerz drückt uns zu Boden.
Wir erleiden, was geschehen ist,
müssen ertragen,
was wir nicht begreifen.
Unser Leben ist weniger geworden.
Hilf uns, dass wir daran nicht verzweifeln!
Unser Leben geht weiter, muss weitergehen.
Lass uns Hilfe finden
und Kraft und Hoffnung
für die Tage, die nun sind und kommen.
Amen.

Ertragen, was wir nicht begreifen

Gott, heute hast du unser Kind zu dir geholt.
Wir begreifen es nicht, warum du es so früh zu dir nahmst.
Wund sind wir von all den Fragen ohne Antwort,
wie ein dunkler Mantel liegt die Trauer schwer auf uns.
Mit dem Kind sind unsere Freude, unsere Hoffnung, unsere
Träume gestorben.
Hol uns heraus aus dem Grab unserer Trauer.

Fragen ohne Antwort

Was trauernden Eltern gut tut und was sie brauchen:

Es ist genug, einfach da zu sein. Den Schmerz selber kann ihnen
niemand abnehmen.
Die Eltern ermuntern, ihre Tränen zuzulassen. Weinen ist heilsam für die Seele.
Die eigenen Tränen nicht zurückhalten, auch miteinander weinen tut gut.

Weinen ist Balsam für die Seele

Den trauernden Vater nicht vergessen! Väter werden oft nur gefragt, wie es ihren Frauen geht, und fühlen sich übergangen.

Wenn Geschwister da sind, auch sie berücksichtigen. Aufrichtige Anteilnahme und Fürsorge zeigen.

Sich zur Verfügung stellen zum Zuhören, für Besorgungen, zum Beaufsichtigen der Geschwister etc.

Den Eltern erlauben, so viel Trauer auszudrücken, wie sie gerade empfinden und mit anderen teilen möchten.

Die Eltern ermutigen, mit sich selber Geduld zu haben, nicht zu viel von sich selbst zu verlangen und sich selbst keine Schuld zuzuschieben.

Den Eltern Mut machen, so viel und so oft sie wollen, über das verstorbene Kind zu sprechen.

Den Eltern versichern, dass sie alles getan haben, was in ihrer Macht stand, und dass ihr Kind die bestmögliche Versorgung erhalten hat, – oder was sie sonst Positives und Wahres für das Kind getan haben.

Hilfreiche Worte

- „Es tut mir Leid, dass dein Kind gestorben ist."
- „Diese Zeit (Weihnachten, Muttertag etc.) muss jetzt besonders schwer für dich sein."
- „Ich bin hier, und ich höre dir zu."
- „Ich weiß nicht, was ich dir sagen soll, ich bin sprachlos."
- „Ich verstehe das auch nicht."
- „Wie geht es dir mit diesem Schmerz?"
- „Es macht mich betroffen, traurig."
- „Kannst du mir sagen, wie ich dir helfen kann?"
- „Wie kann ich etwas für dich tun?"
- „Gibt es Menschen, die du bei dir haben möchten und die ich anrufen kann?"

Was trauernden Eltern wehtut oder schadet

- Beschwichtigen wollen, um den Schmerz zu lindern.
- Tun, als ob nichts geschehen wäre. Ignorieren.
- Drängen, dass es ihnen besser gehen soll („Glaubst du nicht auch, dass du dich hineinsteigerst? Es wird Zeit, dass du wieder unter die Leute kommst!").
- Gefühle be- und verurteilen („Du kannst doch nicht immer deine Wut auf das Krankenhaus auslassen, die haben ja doch nur ihr Bestes getan.").
- Vor der Wirklichkeit abschirmen oder ungebetene Entscheidungen für sie treffen wollen. (Beides behindert den Trauerprozess.)
- Ihnen schmerzhafte Konfrontationen ersparen wollen, z. B. durch Wegräumen der Babysachen, Ausräumen des Kinderzimmers, Meiden des Themas in Gesprächen.
- Sich durch das eigene Gefühl der Hilflosigkeit davon abhalten lassen, den trauernden Eltern hilfreich die Hand zu halten.
- Das Gesprächsthema wechseln, wenn die Rede auf das tote Kind kommt.
- Versuchen, irgendetwas Positives am Tod des Kindes zu finden („Es war ja erst im 3. Monat, stell dir vor, das wäre in der 40. Woche passiert!").
- Den Eltern sagen, sie könnten ja noch mehr Kinder bekommen.
- Den Eltern sagen, dass sie doch mit den anderen Kindern zufrieden sein sollen („Was willst du denn, du hast eh schon zwei Kinder!"): Kinder sind nicht austauschbar, sie können sich nicht gegenseitig ersetzen.
- Den Namen des Kindes vermeiden aus Angst, man könnte die Eltern damit an ihren Schmerz erinnern.

Unpassende Worte

Kinder sind nicht austauschbar

„Gut gemeinte" Phrasen, die aber nicht gut sind:
- „Gott sei Dank hast du es ja noch nicht gekannt."
- „Besser jetzt als später."
- „Du bist jung, du kannst noch andere Kinder haben."
- „Es war wohl das Beste."
- „Ich weiß, wie es dir geht." (Nur diejenigen wissen es, die dieselbe Erfahrung gemacht haben.)
- „Sei froh, das Kind wäre nicht normal gewesen."
- „Man weiß nie, wozu es gut war."
- „Jetzt hast du einen Engel im Himmel."

9. Trauer

Früher oder später werden wir alle mit dem Verlust eines lieben Menschen konfrontiert. Dann zieht uns die Trauer nach unten. Ein Chaos von Gefühlen kann uns überschwemmen: Ohnmacht, Wut, Zorn, Niedergeschlagenheit, depressive Lähmung, tiefer Schmerz, Müdigkeit, Interesselosigkeit, Unausgeglichenheit, Vorwürfe und Selbstvorwürfe, Reue, Verstörtheit, Verzweiflung, Hoffnungslosigkeit, Sinnleere, verschiedenste Ängste, Todesgedanken. **Den Weg der Trauer gehen**

Die Tränen kommen bei allen möglichen Anlässen. Man fühlt sich wie ausgeronnen und leer. Dennoch ist es wichtig, den Weg der Trauer zu gehen. Verdrängte oder blockierte Trauer kann zu Depressionen oder psychosomatischen Beschwerden führen.

Allerdings sollte klar sein: Trauer ist ein ganz natürlicher Prozess und keine Krankheit. Sie braucht auch im Normalfall keine Therapie. Trauer ist nicht Depression, sondern Wundschmerz der Seele. Sie ist menschlich, not-wendig, ein Heilungsprozess, sie stellt das seelische Gleichgewicht wieder her, lässt Gefühle aufbrechen, stellt fruchtbare Fragen, zeigt die eigenen Tiefen.

Es ist gut, Trauergefühle wahrzunehmen und zuzulassen, mutig anzuschauen, durchzuleben und durchzuleiden und auch Hilfen anzunehmen.

Trauer ist ein Prozess, ein Weg, den wir Schritt für Schritt zu gehen haben. Dann und wann leuchten uns Sterne der Ermutigung, des Trostes. Und einmal endet die Nacht der Trauer, dämmert ein neuer Morgen herauf. Es gibt Auferstehungen aus dem Grab der Trauer, aber die Trauer benötigt Zeit, und man muss sich selbst diese Zeit lassen und Geduld haben mit sich. **Schritt für Schritt**

Trauer braucht den Raum der Gedanken, der Erinnerungen. Es

ist schmerzlich, aber auch heilsam, in Briefen, Fotos, Gegenstände oder an bestimmten Orten Erinnerungen an einen lieben verstorbenen Menschen wach werden zu lassen.

Trauer braucht den Raum des Gesprächs. Nur was erkannt und benannt wird, kann geheilt werden. Wie wohl tun Menschen, die einfach zuhören, die uns so sein lassen, wie wir sind, bei denen wir das Herz ausschütten können.

Rituale Trauer braucht den Raum der Rituale. Vom regelmäßigen Gang zum Friedhof bis zum Hören einer beruhigenden Musik oder Anzünden einer Kerze gibt es viele, viele Rituale, die heilend und heilsam wirken und einen gewissen Schutz und Halt bieten, auch eine Struktur im Tagesablauf.

Trauer braucht den Raum des Klagens und Bittens oder des Schweigens und Suchens nach dem Gott, bei dem unsere Verstorbenen jetzt sind und von dem wir die Zusage haben, dass er einmal unsere Tränen abwischen wird.

Gelebte Trauer ist ein Tor zum Leben Durchlebte Trauer ist der Weg zu einem „anderen" Leben. Vielleicht sind wir durch die Trauer dankbarer, sensibler, gelassener, wacher, bescheidener ... geworden. Gelebte Trauer ist ein Tor zum Leben. Erst im Nachhinein kann man sagen: „Der Tod ist ein Ende, die Trauer ein Anfang!" Die Wiederaneignung der Trauerfähigkeit ist eine lebenswichtige Aufgabe. Denn zurück ins Leben findet man erst im Durchleben seiner Trauer. Nicht trauern wollen würde bedeuten, nicht fühlen zu können.

Trauerphasen

Kübler-Ross Bereits Elisabeth Kübler-Ross hat 1970 das Sterben als Prozessverlauf in folgenden fünf Stufen beschrieben (Interview mit Sterbenden): 1) Nichtwahrhaben-Wollen und Isolierung, 2) Zorn, 3) Verhandlung, 4) Depressionen, 5) Zustimmung. Ähnlich

gibt es auch in der Trauer bestimmte Prozesse und Phasen. Der Amerikaner Colin Murray Parkes stellt vier Trauerphasen fest: 1) Periode der Betäubung (Abgestumpftheit). 2) Phase: Sehnsucht. 3) Phase der Desorganisation und Verzweiflung. 4) Phase

Prozesse und Phasen

Verena Kast der Reorganisation des Verhaltens. Verena Kast beschreibt in ih-rem Buch „Trauern" folgende Phasen im Trauerprozess:

1. Phase *Nicht-wahrhaben-Wollen*
Erleben wir den Tod eines geschätzten Menschen oder erfahren wir davon, dann lautet die erste Reaktion: „Das kann nicht wahr sein, dass ..." Wir sind geschockt, ganz starr vor Schrecken. Be-sonders intensiv ist diese Reaktion dann, wenn der Tod plötz-lich eintritt. Ganz langsam erst können wir begreifen, dass wir tatsächlich jemanden verloren haben.
Wichtig für die Trauernden: Sie dürfen sein, wie sie sind: er-starrt, ohnmächtig, leer, wirr, betäubt ...
Wichtig für den Begleiter: Die Trauernden sollen spüren, dass sie nicht allein sind, sie sollen aber auch nicht vereinnahmt oder bevormundet werden.

2. Phase *Aufbrechende Emotionen*
Diese Phase ist geprägt von heftigen und widersprüchlichen Gefühlen, vom Bemühen und Sich-Zusammennehmen bis zum Sich-gehen-Lassen. Angst, Orientierungslosigkeit, Wut auf den Verstorbenen, auf das Schicksal oder auf Gott, lähmende Verlas-senheit gehören ebenso dazu wie das Gefühl, voller Liebe zu sein, das Bedürfnis nach Zärtlichkeit und die Dankbarkeit für Erlebtes. Die Beziehung zum Verstorbenen wird „durchleuch-tet". Alle Versäumnisse an Zuwendung lösen Schuldgefühle aus; gleichzeitig tröstet das Bewusstsein, miteinander ein gutes Leben gehabt zu haben. Wenn die Trauernden sich die Wut über das Verlassensein nicht zugestehen dürfen, suchen sie nach Schuldigen für den Tod: Arzt, Verwandte oder andere werden beschuldigt.
Wichtig für die Trauernden: Sie dürfen und sollen ihre Gefühle äußern. Sie dürfen sich gehen lassen. Sie haben den Beistand der

Mitmenschen nötig – Wärme, Verständnis, Geduld.
Wichtig für die Begleiter: Die Trauernden brauchen Menschen,
die auf sie zugehen. Sie wollen andere nicht belästigen. Sie sehnen sich nach Gesprächspartnern, die sie ernst nehmen, nichts
beschwichtigen oder herunterspielen. Die Begleitenden können
stellvertretend zur Adresse des Zorns werden.

Suchen und Sich-Trennen   **3. Phase**
Diese Phase kann sehr lange dauern, unter Umständen Jahre.
Die Intensität der Trauer nimmt in dem Maße ab, wie es den
Trauernden gelingt, Gefühle zu äußern. Die Trauernden müssen
die Fähigkeiten, die sie in der gemeinsamen Beziehung auf den
Partner delegiert haben, wieder entdecken.
„Suchen" bedeutet, den Verlust wirklich akzeptieren zu lernen.
Ein Leben ohne den Verstorbenen zu leben, d. h., sich von
ihr/ihm zu trennen, ohne alles gemeinsam Erlebte abzulehnen.
Die persönliche Beziehung gehört zum eigenen Leben dazu.
Wichtig für die Trauernden:
Sich die „Suche" zugestehen. Zwiegespräche mit der/dem Ver-
storbenen halten. An bekannten Orten nach ihr/ihm Ausschau
halten. Immer wieder von gemeinsamen Erlebnissen erzählen.
Wichtig für die Begleitenden: Sie sollten nicht drängen, das „un-
sinnige" Suchen aufzugeben. Sie können den Trauernden zuhören und ihre Berichte ernst nehmen.

Neuer Selbst- und Weltbezug   **4. Phase**
Die Phase beginnt, wenn der Verstorbene zu einer „inneren Fi-
gur" des Trauernden geworden ist. Das kann in unterschied-
licher Weise geschehen: Trauernde erleben Verstorbene als inne-
re Begleiter. Trauernde spüren, dass vieles, was sie bisher inner-
halb der Partnerbeziehung gelebt haben, zu ihren persönlichen
Handlungsmöglichkeiten zählt.

Der neue Selbst- und Weltbezug verdeutlicht, dass der Verlust der/des Verstorbenen akzeptiert werden kann. Trauernde gestalten ihr Leben wieder aktiv.

Wichtig für die Trauernden: Sie lassen sich wieder neu auf ihre Umwelt ein. Sie können klären, was wichtig ist.

Wichtig für die Begleitenden: Sie werden als Helfer nicht mehr gebraucht.

Hilfen für die Trauernden

Netz an Beziehungen

„In meiner Trauer bin ich doch nur eine Zumutung für andere" Diese oder ähnliche Gefühle haben viele Menschen in der Zeit der Trauer, das haben Sie vielleicht schon selbst erlebt. Das Gefühl, ganz anders, schwer und belastend zu sein, und verschiedene Ängste führen oft zum Rückzug. Wenn man sich einsam, traurig, verzweifelt fühlt, fällt es schwer, auf andere zuzugehen. Es ist hilfreich, für sich zu klären, wen Sie worum bitten könnten.

Je größer das Netz an Beziehungen ist, umso mehr können Sie wählen, welche Person für welche Bedürfnisse geeignet ist.

Es ist nicht günstig und nicht möglich, von einer Person alle Zuwendung zu erwarten.

In der Zeit der Trauer sind wir häufig sehr empfindlich und reagieren sehr schnell auf die kleinsten Anzeichen anderer, die eine Ablehnung bedeuten könnten. Es ist gut, die Unsicherheiten und Zweifel dem anderen gegenüber auszusprechen.

Überfordert

Versuchen Sie, eine Abgrenzung des anderen als die ihm derzeit mögliche Reaktion zu sehen. In der Regel lehnt er nicht Sie damit ab, sondern er fühlt sich lediglich selber überfordert. Wenn Sie es wagen, sich anderen auch einmal zuzumuten, kann der andere erfahren, dass er hilfreich und wichtig für Sie ist.

Immer wieder erzählen Menschen, dass ihnen das Sprechen eine wesentliche Hilfe war, um ihre Gefühle über den Tod auszudrücken. Manchmal muss man von besonderen Erlebnissen oder Momenten immer und immer wieder sprechen. Dabei kann sich mit jedem Aussprechen die Last der Sorgen, der Ängste, der Trauer oder der Wut, der Einsamkeit oder der Ohnmacht verringern. Zumindest für eine Weile stellt sich Erleichterung ein.

Vom Schweigen und Sprechen

Gut ist es zu wissen, wem ich mich und wie weit ich mich mitteilen möchte. Hin und wieder erleben wir auch, dass uns jemand nicht wirklich anteilnehmend zugehört hat oder dass er uns allzu schnell mit einem „guten Rat" trösten wollte. Das ist schmerzhaft, aber auch schon früher sind wir ebenfalls nicht immer verstanden worden.

Wenn wir feststellen, dass es keine geeigneten Menschen in unserer Umgebung gibt, mit denen wir reden möchten, dann kann es uns vielleicht helfen, sich einer Trauergruppe in unserer Umgebung oder Gemeinde anzuschließen. (Vielleicht können wir anregen, eine solche zu gründen.) Diese Gruppen sind hilfreich und unterstützend, weil durch ähnliche Erlebnisse eine größere Bereitschaft entsteht, einander geduldig zuzuhören, einander zu verstehen und die Sorgen und Nöte miteinander zu teilen.

Es gibt Menschen, die kein Bedürfnis haben, sich über das, was sie bewegt, über den Toten, den Tod und die Vielfalt der Erfahrungen und Gefühle in der Trauer auszutauschen. Sie möchten mit all dem lieber in der Stille auf ihre Weise umgehen. Es gibt unterschiedliche Arten, mit dem Verlust zu leben. Wir sind darin durch unsere Lebensgeschichte geprägt. Jeder sucht sich den ihm gemäßen Weg.

Erfahrungen und Gefühle

Mit dem Verstorbenen leben

Das Bedürfnis, mit dem Verstorbenen innerlich verbunden weiterzuleben, ist groß. Viele suchen Orte auf, wo sie gemeinsame Erlebnisse hatten, stellen sich vor, was er oder sie jetzt fühlen, denken oder sagen würde, oder erzählen dem anderen in dieser inneren Verbundenheit von gegenwärtig erlebten Ereignissen und Gefühlen. Dieses Miteinander-verbunden-Weiterleben ist in Ordnung und kann helfen, mit der Trauer umzugehen.

Einige Anregungen, was in dieser Sehnsucht nach Verbundenheit helfen kann:

• Mit dem Verstorbenen innerlich sprechen,
• ihn um Verzeihung bitten oder ihm danken,
• ihn um Hilfe bitten,
• seine Hinterlassenschaft liebevoll sichten und ordnen,
• Fotos anschauen,
• Fotos oder Blumen für ihn aufstellen,
• Kerzen anzünden,
• gemeinsame Wege wieder abgehen,
• Freunde des Verstorbenen besuchen und sich von ihm erzählen lassen,
• vielleicht manches genauso wie der Verstorbene machen
• und vieles mehr, was aus unserer persönlichen Verbundenheit mit dem Verstorbenen entsteht.

All dies bringt manchmal auch schmerzhafte Gefühle mit sich. Deshalb ist es gut, in sich hineinzuhorchen und zu spüren, wann etwas gut ist und wann ich etwas lieber ruhen lassen möchte.

Eine andere Art des Sprechens

Vielen Menschen wird es ganz besonders in der Zeit der Trauer ein Bedürfnis, sich dem Glauben zuzuwenden. Vielleicht fanden sie darin schon früher Trost und Hilfe, und nun wird ihnen diese Verbindung ganz besonders wichtig. Anderen Menschen geschieht es, dass sie in dieser Zeit ihr sonst verlässliches Vertrauen zu Gott verlieren. Häufig erlebt man, dass Menschen dann wütend auf Gott sind, ihn als ungerecht oder grausam erfahren und ihm zürnen. Andere wiederum fühlen sich bestraft, schuldig oder unwürdig und meinen, dass sie es nicht wert gewesen seien, weiterhin mit dem Geliebten zusammenzusein. All diese Gefühle und Gedanken machen es schwer, mit Gott zu sprechen, sich ihm anzuvertrauen und vielleicht auch für den Verstorbenen zu beten. Es kann aber auch sein, dass das Sprechen zu Gott wieder leichter wird, wenn sich der Trauernde mit all dem, was er an Groll und Widerstand in sich spürt, dem Göttlichen zuwendet, es ausspricht und über dieses „Gespräch" wieder in Kontakt mit Gott kommt.

Was da noch alles kommen mag – die Angst vor der Zukunft

Die Angst vor der Zukunft

Die Zukunft wird oft als bedrohlich und unannehmbar erlebt, denn häufig ist ja der Mensch von uns gegangen, der uns die Zukunft lebenswert machte. Da tauchen Fragen und Gedanken auf:
Wie schaffe ich das ohne ihn? Was soll nun aus mir werden? Ich habe Sorgen wegen der Kinder und auch wegen des Geldes. Probleme in bedrängender Fülle. Dazu kommt das Gefühl: Ich will ja gar keine Zukunft.

Trauernde berichten, was ihnen geholfen hat:

Was geholfen hat

- Immer wieder mit Menschen über die Ängste sprechen.
- Hilfe von außen erbitten.
- Versuchen, nur von einem Tag zum nächsten zu leben.
- Es kann auch mal etwas schief gehen.
- Ich darf Fehler machen.
- Eines nach dem anderen tun.
- In mir bleibt der Verstorbene nahe und hilft mir.

• Die Trauer und der Schmerz verändern sich tatsächlich, aber es braucht sehr, sehr lange.
• Es wachsen Kräfte, die ich nie für möglich hielt.
• Es ist dann doch immer alles ganz anders geworden.

Es ist gut, sich die Zukunft nicht als große, bedrückende Last auszumalen, sondern ihr von Tag zu Tag entgegenzuleben.

... und immer wieder kommt die Trauer

Sich verändern mit der Trauer

Viele sagen: „Wann hört das denn endlich auf?" Die Trauer hört in dem Sinne nicht auf, sie wird langsam ein Teil unseres Lebens, sie verändert sich, und wir verändern uns mit ihr. Manche Tage sind besonders schmerzlich. Da spüren wir den Verlust mit einer Heftigkeit, die uns erschüttert. Viele Menschen berichten, dass das erste Trauerjahr mit all seinen „Jahrestagen" wirklich das schwierigste Jahr war, denn mit jedem dieser Tage kam eine große Anzahl von Erinnerungen, schönen und schmerzhaften. Das sind zum einen die großen Festtage, wie Weihnachten, Ostern, Geburtstage ... Und dann sind es die Tage oder Wochen, die sich mit besonderen Erinnerungen verbunden haben, wie der letzte Urlaub, heute vor 20 Jahren haben wir uns kennen gelernt, am 2. März bist du ins Krankenhaus gekommen, der Todestag, der Tag der Beerdigung ...

Erinnerungen

Manchmal ist es gut, solche Gedenktage auch besonders zu gestalten, z. B. etwas alleine zu machen und an den Verstorbenen zu denken oder Freunde oder nahe stehende Menschen zu bitten, an diesem Tag zu ihnen zu kommen. Oft wird dann der Austausch und das Aufleben der Erinnerungen zu einer tiefen Begegnung und Bereicherung für alle.

„Du bist gegangen – was bleibt mir?"

Irgendwann wird es möglich, innerlich zu dem Verstorbenen zu sagen: „Du bist tot. Ich lebe noch ein bisschen. Dann sterbe ich auch." Dieser Satz von Bert Hellinger hat sich oft als heilend erwiesen. So kann es möglich werden, das Leben wieder als Geschenk anzunehmen. Was uns bleibt, sind unsere Erinnerungen und unsere Verbundenheit mit dem Toten. Dadurch, dass der andere in unserem Leben war, hat er uns viel gegeben, vieles ist uns durch ihn möglich geworden und zur Entfaltung gekommen. Dieses bleibt uns, und wir können das von ihm Begonnene noch weiter wachsen lassen. Manchmal erleben wir, dass nun andere, auch neue Teile unseres Wesens hervorkommen können. Das ist oft eine schmerzhafte Erkenntnis, aber diese Erkenntnis kann uns Mut zu Neuem geben.

Was bleibt, über alle Trauer und Verzweiflung hinweg, ist das Gefühl der Dankbarkeit dafür, dass der andere bei uns war und einen Teil des Lebensweges mit uns zusammen gegangen ist, oder dass wir ihn kennen lernen durften.

Das Sich-wieder-Einlassen auf das Leben braucht Zeit, viel Zeit. Lassen Sie sich Zeit für Ihren Weg. Auch wenn Sie das Gefühl haben, nie in der geschilderten Form getrauert zu haben, dann ist auch das jetzt für Sie richtig und in Ordnung: Sie gehen Ihren Weg auf Ihre Weise und in Ihrem Rhythmus.

Leben als Geschenk

Trauerbegleitung

Möglicherweise beschäftigt Sie die Frage: „Wie kann ich meiner Nachbarin helfen, die gerade ihren Mann verloren hat, oder einem Freund, dessen jüngstes Kind plötzlich gestorben ist?" Oder Sie fragen sich, wie Sie jemandem überhaupt begegnen sollen, der gerade eine Zeit tiefer Trauer durchlebt.

Wie kann ich helfen?

Sterben und Tod lösen in den meisten Gefühle der Unsicherheit, der Angst und Hilflosigkeit aus. Sie scheuen häufig die erste Begegnung mit dem Betroffenen und wissen nicht, was sie sagen sollen. Sie möchten am liebsten auf die andere Straßenseite wechseln, wenn sie den Trauernden sehen. Eine andere Stimme in ihnen sagt aber auch, dass sie doch auf den Trauernden zugehen sollen.

Die eigene Hilflosigkeit wahrnehmen

Nehmen Sie zuerst Ihre eigene Hilflosigkeit wahr und an. Es tut gut, sich nicht dagegen zu wehren und echt sein zu dürfen. Aus dieser Haltung heraus fällt es dann meistens leichter, auf den anderen zuzugehen, auch wenn wir nicht wissen, was wir sagen sollen. Es kann sein, dass es auch keines Wortes bedarf, sondern vielmehr ein warmer Händedruck, eine Umarmung oder ein Blick das zu sagen vermag, was uns mit Worten so schwer fällt.

(nach Daniela Tausch-Flammer)

Das Modell der Emmaus-jünger

Wie die Begleitung von Trauernden geschehen kann und soll, wird eindrucksvoll in der Geschichte von den „Emmausjüngern" deutlich (Lk 24,13–35):

- Hinzukommen, mitgehen, wahrnehmen: „Jesus kam hinzu und ging mit ihnen." (Vers 15)
- Behutsam fragen: „Was sind das für Dinge, über die ihr miteinander redet?" (Vers 17)
- Stehen bleiben, bis man nachfühlen kann: „Da blieben sie traurig stehen, und der eine von ihnen – er hieß Kleopas – antwortete ihm ..." (Vers 18)
- Im Gespräch Deutungen kommen lassen: Jesus und die Jünger sprechen miteinander und suchen nach Erklärungen für das, was geschehen ist. Bei Gesprächen mit Trauernden ist es wichtig, dass nicht die Begleiter Sinnantworten vorgeben. Die Deutungen müssen die Betroffenen selbst finden.

- Zeichen setzen. Die Jünger laden Jesus ein, mit ihnen einzukehren, etwas zu essen und zu trinken. Kleine Zeichen sind oft wichtiger als Worte.
- Sich wieder entziehen. „Da gingen ihnen die Augen auf und sie erkannten ihn; dann aber sahen sie ihn nicht mehr." (Vers 31) Trauerbegleitung ist keine Lebensbegleitung. Wenn es den Begleitenden zu viel oder zu eng wird, sollen sie auch auf sich selbst schauen und Grenzen setzen.

Phantasievolles Trösten mit Herz und Verstand

- Regelmäßige Telefonanrufe (Zeitpunkt dafür vereinbaren)
- kleine Grüße in den Briefkasten stecken oder schicken (Bild-, Spruchsymbole)
- persönlich gehaltene Briefe schreiben
- etwas Süßes mitbringen (Kuchen, Kekse, Pralinen, Kaffee usw.), zum Essen einladen (Abwechslung, besondere Atmosphäre)
- zu besonderen Veranstaltungen einladen und abholen
- Blumen zu besonderen Anlässen (Jahrestodestag, Geburtstag des Verstorbenen) bringen
- zum Friedhof begleiten
- an der Grabgestaltung Anteil nehmen und mithelfen
- zuhören, auch wenn die Geschichte zum x-ten Mal erzählt wird
- das Führen eines Tagebuches vorschlagen
- zum Erzählen der Träume (auch abwegiger Gedanken) ermutigen
- Bücher mitbringen und besprechen (falls gewünscht)
- gedanklich in die Rolle des Verstorbenen schlüpfen bzw. sich hineindenken

- im Auto mitnehmen, gedanklicher Austausch auf längeren Fahrten,
- auf Gruppen hinweisen (eventuell selbst mitgehen),
- Kontakt zu anderen Trauernden vermitteln (Rufnummer hinterlassen),
- Hilfe in jeder Form anbieten (auch Vermittlung zu Fachleuten),
- bei unangenehmen Dingen begleiten (Behördengänge),
- Schweigephasen aushalten,
- vor Neugierigen und Besserwissern abschirmen,
- Körpersprache nutzen (streicheln, in den Arm nehmen, Hand halten),
- zum Weinen ermutigen (und selbst mitweinen),
- herausfinden, was lange unterblieben ist oder vernachlässigt wurde,
- überraschen mit Unerwartetem,
- nach konkreten Wünschen fragen,
- gemeinsam Todesstelle aufsuchen (Unfallort, Krankenhaus),
- gemeinsam bei Ärzten nach der Todesursache fragen,
- eventuell Abschied nachvollziehen (wenn dieser unvollkommen war oder abgebrochen wurde),
- zum Sprechen über vergangene Zeiten/Beziehungen ermutigen,
- Symbole anbieten/suchen und gemeinsam besprechen (Stein, Wurzel, Baum),
- zur Teilnahme an Trauer-Seminaren einladen (evtl. begleiten),
- erkannte Veränderungen benennen, auf dem Weg bestätigen.

Texte zur Trauer

Gesegnet seien alle,
die mir jetzt nicht ausweichen.
Dankbar bin ich für jeden, der mir einmal zulächelt
und mir seine Hand reicht,
wenn ich mich verlassen fühle.
Gesegnet seien alle,
die mir zuhören,
auch wenn das,
was ich zu sagen habe,
sehr schwer zu ertragen ist.

Gesegnet seien alle, die mir erlauben,
von dem Verstorbenen zu sprechen.
Ich möchte meine Erinnerungen
nicht totschweigen.
Ich suche Menschen,
denen ich mitteilen kann, was mich bewegt.

Gesegnet seien alle,
die mich nicht ändern wollen,
sondern geduldig so annehmen,
wie ich jetzt bin.

Gesegnet seien alle,
die mich trösten
und mir zusichern,
dass Gott mich nicht verlassen hat.

(Marie-Luise Wölfling)

Segen der Tröstenden

**Dass einer
da ist ...**

Wenn die Tage ihren Glanz verlieren
und die Trauer dich unter sich begräbt,
dann wünsche ich dir, dass einer da ist,
dem du deine Dunkelheit sagen kannst,
der den Weg durch die vielen Warum
geduldig mit dir geht
und deine Angst nicht hinwegredet.
Ich wünsche dir einen Ort,
wo du weinen kannst über Verlorenes,
ein verstehendes Herz,
dem du Zorn und Bitterkeit
nicht verschweigen musst.
Einen Menschen wünsche ich dir,
der dich unter das Dach
seiner Hoffnung nimmt.

**Zu elend, um
zu beten**

Gott, du siehst, dass ich heute zu elend bin, um zu beten.
Ich kann allein nicht mehr von der Stelle,
und mein Glaube ist müde und matt.
Nimm mich in den Arm wie ein Kind,
das Liebe braucht.
Dann will ich die Augen schließen
und an nichts denken,
als dass ich bei dir bin.
Auch wenn ich gar nichts kann,
nimmst du mich dennoch an.
Auf dich will ich schauen
mit meinen Zweifeln und Sorgen und Nöten.
Du bist mir Vater und Mutter,
halte mich, trage mich
und segne mich.

Sein Unglück
ausatmen
können

tief ausatmen
so dass man wieder
einatmen kann

Und vielleicht auch sein
Unglück
sagen können
in Worten
in wirklichen Worten
die zusammenhängen
und Sinn haben
und die man selbst noch
verstehen kann
und die vielleicht sogar
irgendwer sonst versteht
oder verstehen könnte

Und weinen können
Das wäre schon
fast wieder
Glück
            (Erich Fried)

**Fast wieder
Glück**

10. Beerdigung von Menschen, die aus der Kirche ausgetreten sind

Kirchenmitglied durch den Glauben

Des Öfteren habe ich mit Menschen zu tun, die sich enttäuscht und zornig von der Kirche abwenden, da einer/m ihrer Angehörigen die kirchliche Beerdigung verweigert wurde. Deshalb möchte ich Folgendes zu bedenken geben:

Es ist theologisch fragwürdig, die Kirchenmitgliedschaft (oder Nichtmitgliedschaft) über den Kirchenbeitrag zu definieren oder über ein Dokument der Bezirkshauptmannschaft. Kirchenmitglied wird man durch den Glauben und die Taufe. Über diesen „inneren" Bereich der Zugehörigkeit kann keine „äußere" Instanz urteilen. Zudem bedeutet der Austritt aus der Kirche längst nicht immer, dass dieser Mensch christlich ungläubig ist. In einer alten syrischen Kirchenordnung aus dem 5. Jahrhundert heißt es: „Der Diakon bekleidet und schmückt die verstorbenen Männer, er begräbt die Fremden ... Er soll das Ufer absuchen, ob nicht die Leiche eines Schiffbrüchigen angeschwemmt worden ist. Er soll sie bekleiden und bestatten." Hier wird nicht nach der Kirchenmitgliedschaft gefragt, sondern allen Toten soll dieser letzte Dienst der Beerdigung zuteil werden. Der Diakon, der sich über die fremde Leiche beugt, steht für den Gott der Lebenden und Toten. Er bringt Gottes Treue zum Tragen – über den Tod hinaus.

Zeichen der Wertschätzung

Die Toten zu bestatten gehört von alters her zu den „Leiblichen Werken der Barmherzigkeit"! Es mutet mich seltsam an, dass in unserer Zeit ausdrücklich ein solches Werk der Barmherzigkeit für bestimmte Menschen ausgeschlossen wird. Zudem bedeutet die kirchliche Beerdigung eine Ehrerbietung für einen Menschen. Warum verweigern wir Verstorbenen und Angehörigen die Ehre, ein wichtiges Zeichen der Wertschätzung?

Das Argument, man müsse den Willen des Verstorbenen ernst nehmen, überzeugt mich nicht oder nur teilweise. Der Austritt aus der Kirche ist längst nicht immer Zeichen des expliziten Wunsches, nicht kirchlich beerdigt werden zu wollen. (Nebenbei gesagt: Die Verstorbenen sind jetzt sowieso, wo sie sind. Als Christen sollten wir zumindest für jeden Menschen hoffen, dass er bei Gott ist.)

Aber mehr als um den Willen der Verstorbenen geht es doch um den Willen der Angehörigen, für die eine Beerdigung mit Gebet und Gottesdienst unter Umständen sehr wichtig und tröstlich ist. Wie ernst nehmen wir bei einer Ablehnung der kirchlichen Beerdigung den Willen der Angehörigen? Und diese leben ja noch, diese brauchen den Trost und den Beistand durch die Kirche. (Sofern ihnen das nichts bedeutet, bitten sie sowieso nicht um eine kirchliche Beerdigung).

Trost und Beistand durch die Kirche

Barmherzige Kirche

Durch die Ablehnung einer kirchlichen Beerdigung werden immer Türen verschlossen – für die ganze Familie und oft auf Generationen hinaus. Umgekehrt habe ich schon bei Angehörigen eine große Dankbarkeit und eine neue Beziehung zur Kirche erlebt, wenn ich diesen „letzten Dienst" einer Beerdigung für sie verrichtet habe. Sie sind dann einer barmherzigen und nicht einer hartherzigen Kirche begegnet.

Zu den Grundfunktionen der Kirche und damit der Pfarrgemeinden gehören die Verkündigung, die Liturgie und die Diakonie, der Dienst am Menschen. Bei der Verweigerung einer kirchlichen Beerdigung wird die Diakonie „abgeschnitten". Damit wird auch die Verkündigung von einem vergebenden und sich erbarmenden Gott unglaubwürdig. Die „Orthopraxie" – dazu gehört auch das Bestatten von Toten – ist wichtiger als die „Orthodoxie". Wird bei der Verweigerung der Beerdigung nicht viel zu sehr juristisch statt menschlich gedacht und gehandelt? Die kirchliche Beerdigung ist eine große pastorale Chance und Aufgabe.

Bitte

Herr, leih mir ein Stück deines Hirtenmantels,
damit ich meine Brüder und Schwestern
mit der Last ihrer Sehnsucht darunter berge.

Modell eines Wortgottesdienstes

Einleitendes Wort

Hier wird erklärt, warum dieser Gottesdienst stattfindet, z. B.:
Wir sind zusammengekommen, um Abschied zu nehmen von Herrn/Frau N. Wir achten dabei die freie Entscheidung von Frau/Herrn N., die/der ihre/seine äußere Beziehung zur Kir-

che gelöst hat (die/der sich von der Kirche getrennt hat). Wir achten dabei aber auch ihr/sein Getauftsein, durch das sie/er mit Christus verbunden worden ist. Der Glaube, dass die Taufe uns mit Christus und untereinander verbindet, lässt uns füreinander und für die/den Verstorbene/n beten.

Die Taufe verbindet

Oder:

Wir haben uns in dieser Stunde eingefunden, um von einem Mitmenschen Abschied zu nehmen. Jeder Abschied schmerzt und macht traurig, und wir nehmen Anteil am Leid der Angehörigen.

Jeder Abschied schmerzt

Dieses Leid mag besonders schwer sein, da die/der Verstorbene nicht in der Gemeinschaft der Kirche nach dem Sinn und Ziel ihres/seines Lebens gesucht hat, sondern aus der Kirche ausgetreten ist. So schmerzlich dieser Schritt ist, er muss dennoch von uns geachtet werden. Es steht uns nicht zu, ihre/seine Entscheidung und ihr/sein Tun zu beurteilen.

Gott allein kennt das Innerste des Menschen, er kennt sein Gutsein und sein Versagen. Er allein weiß um das entscheidende Wollen des Menschen. An uns liegt es, dass wir auf das Gebet vertrauen und an die erbarmende Liebe Gottes glauben.

So sind wir jetzt als Gebetsgemeinschaft versammelt und wollen einander im Glauben stärken. Wir nehmen Anteil am Schmerz und an der Trauer der Angehörigen, schöpfen Hoffnung und Trost aus den Worten der Heiligen Schrift und empfehlen die/den Verstorbene/n der sich erbarmenden Liebe Gottes.

Kreuzzeichen

Im Namen des Vaters und des Sohnes und des Heiligen Geistes. Amen.

Gebet

Ewiger Gott und Vater!
In dieser Stunde
blicken wir in unserer Hilflosigkeit zu dir auf.
Wir stehen ohnmächtig der Macht des Todes gegenüber. So
wenden wir uns an dich, den Vater aller Menschen, und bitten:

Durch das dunkle Tal des Todes

Sei unserer/unserem Verstorbenen gnädig. Aus Liebe hast du
sie/ihn ins Leben gerufen und zur Gemeinschaft mit dir be-
stimmt. Vergib ihr/ihm alle Schuld ihres/seines Lebens. Erlöse
sie/ihn von allem Übel und nimm sie/ihn auf in deinen ewigen
Frieden. Sei du selbst der Trost und die Kraft ihrer/seiner Angehörigen. Führe uns alle einmal durch das dunkle Tal des Todes zum Licht deiner ewigen Herrlichkeit und lass uns dann die
Gemeinschaft mit allen, die uns hier nahe standen, erleben. So
bitten wir durch Jesus Christus, der uns durch Leiden und Tod
vorausging in dein Reich, wo er bei dir lebt und mit dir herrscht
in Ewigkeit. Amen.

Oder andere Gebete und Texte aus dem Kapitel 7

Schriftlesung

Wohnungen bei Gott

In jener Zeit sprach Jesus zu seinen Jüngern: Euer Herz lasse
sich nicht verwirren. Glaubt an Gott, und glaubt an mich:
Im Haus meines Vaters gibt es viele Wohnungen. Wenn es nicht
so wäre, hätte ich euch dann gesagt: Ich gehe, um einen Platz für
euch vorzubereiten?
Wenn ich gegangen bin und einen Platz für euch vorbereitet habe, komme ich wieder und werde euch zu mir holen, damit
auch ihr dort seid, wo ich bin. *(Joh 14,1–3)*

Oder:

In jener Zeit sprach Jesus zu Nikodemus. Gott hat die Welt so sehr geliebt, dass er seinen einzigen Sohn hingab, damit jeder, der an ihn glaubt, nicht zugrunde geht, sondern das ewige Leben hat. Denn Gott hat seinen Sohn nicht in die Welt gesandt, damit er die Welt richtet, sondern damit die Welt durch ihn gerettet wird. *(Joh 3,16–17)*

Ewiges Leben für den, der glaubt

Ansprache

Stilles Gedenken

Gebet des Herrn

Abschluss

Herr, gib ihr/ihm die ewige Ruhe, und das ewige Licht leuchte ihr/ihm. Lass sie/ihn leben und ruhen in Frieden. Amen.

Der Sarg oder die Urne kann mit Weihwasser besprengt werden.

11. Zitate

Dichter, Theologen und andere

Und doch
ist Einer ...

Die Blätter fallen, fallen wie von weit,
als welkten in den Himmeln ferne Gärten;
sie fallen mit verneinender Gebärde.

Und in den Nächten fällt die schwere Erde
aus allen Sternen in die Einsamkeit.

Wir alle fallen. Diese Hand da fällt.
Und sieh dir andre an: Es ist in allen.
Und doch ist Einer, welcher dieses Fallen
unendlich sanft in seinen Händen hält.

(Rainer Maria Rilke)

O Herr, gib jedem seinen eignen Tod.
Das Sterben, das aus jenem Leben geht,
darin er Liebe hatte, Sinn und Not.
Denn wir sind nur die Schale und das Blatt.
Der große Tod, den jeder in sich hat,
das ist die Frucht, um die sich alles dreht.

Denn dieses macht das Sterben fremd und schwer,
dass es nicht unser Tod ist; einer der
uns endlich nimmt, nur weil wir keinen reifen.
Drum geht ein Sturm, uns alle abzustreifen.

(Rainer Maria Rilke)

Wenn hier das letzte Abendrot
unseres Lebens leuchtet,
geht dort bereits die Sonne
der Ewigkeit auf.
             (Irmgard Erath)

**Das Licht
der Ewigkeit**

Der Tod ist groß.
Wir sind die Seinen
lachenden Munds.
Wenn wir uns mitten im Leben meinen,
wagt er zu weinen mitten in uns.
             (Rainer Maria Rilke)

Wenn uns etwas fortgenommen wird,
womit wir tief und wunderbar zusammenhängen,
so ist viel von uns selbst fortgenommen.
Gott aber will, dass wir uns wiederfinden,
reicher um alles Verlorene
und vermehrt um jenen unendlichen Schmerz.
             (Rainer Maria Rilke)

Wohin gehen wir?
Immer nach Hause. *(Novalis)*

Gott lässt uns fallen.
Und so stürzen wir
denn auf ihn zu.
(Friedrich Dürrenmatt)

Wenn die Nacht
keine Tür hätte
woher
käme der Tag
Und zuletzt
wohin ginge er
wenn die Nacht
keine Türe hätte
(Erich Fried)

Tod ist nicht   Der Tod ist nicht der Untergang, der alles aufhebt und zerstört,
Untergang   sondern eine Wanderung und der Beginn eines anderen Lebens,
welches ein Ende nicht hat.   *(Cicero)*

Die Bande der Liebe werden
mit dem Tode nicht durchschnitten.
(Thomas Mann)

Die Brücke
zwischen dem Land der Lebenden
und dem der Toten
ist die Liebe.   *(Thornton Wilder)*

An der Grenze
Wenn du durchs Minenfeld gehen musst,
nimm eine Hand voll Samen mit –
Mohn oder Ringelblumen –
für deine Auferstehung. *(Christine Busta)*

Hier ist ein Abschied,
dort ein Wiedersehen.
Hier ist ein Fortgehen,
dort ein Heimkehren.
Hier ist ein Ende,
dort ein Neubeginn.
Hier ist ein Erlöschen,
dort ein Wiederaufstrahlen.
Hier ist ein Sterben,
dort ein Erwachen zum ewigen Leben.   *(Irmgard Erath)*

**Erwachen zur
Auferstehung**

Es wird aussehen, als wäre ich tot,
und das wird nicht wahr sein ...
Du verstehst. Es ist zu weit.
Ich kann diesen Leib da nicht mitnehmen. Er ist zu schwer.
Aber er wird daliegen wie eine alte verlassene Hülle.
Man soll nicht traurig sein um solche alte Hüllen ...
(Antoine de Saint-Exupéry)

Unruhig ist unser Herz, bis es ruht in Dir, o Gott.
(Augustinus)

Leben heißt, sich wandeln;
und vollkommen sein heißt, sich oft gewandelt haben.
(John Henry Newman)

Die einzig wirkliche Zukunft ist das ewige Leben.
(Charles de Foucauld)

Vor uns liegt
die Liebe

Der Tod ist die uns zugewandte Seite jenes Ganzen,
dessen andere Seite Auferstehung heißt.

(Romano Guardini)

Christlich gesprochen liegt der Tod immer hinter uns,
vor uns aber die Liebe. *(Dorothee Sölle)*

Wenn durch
einen Menschen
ein wenig
mehr Liebe und Güte,
ein wenig mehr Licht
und Wahrheit
in der Welt war,
hat sein Leben
einen Sinn gehabt.

(Alfred Delp)

Wir gehen nie allein,
Gott geht alle Wege mit. *(Alfred Delp)*

Deine Kraft liegt in deiner Hoffnung. *(Luise Rinser)*

Man ist das,
was man vor Gott ist,
nicht mehr und nicht weniger.

(Johannes Vianney)

Die Trauer ist ein Gang hinüber und herüber. Hinüber, dorthin, wohin der andere ging. Und zurück, dorthin, wo man mit ihm war, alle die Jahre des gemeinsamen Lebens.

(Jörg Zink)

Aus Gottes Hand
empfing ich mein Leben,
unter Gottes Hand
gestaltete ich mein Leben,
in Gottes Hand
gebe ich mein Leben zurück.
(Augustinus)

In Gottes Hand

Wer Ostern kennt, kann nicht verzweifeln.
(Dietrich Bonhoeffer)

Das Leben ist Gottes Ziel mit uns.
(Dietrich Bonhoeffer)

Von guten Mächten wunderbar geborgen,
erwarten wir getrost, was kommen mag.
Gott ist mit uns am Abend und am Morgen,
und ganz gewiss an jedem neuen Tag.
(Dietrich Bonhoeffer)

Wunderbar geborgen

Im Tod werden wir gerichtet
– ausgerichtet auf Gott hin. *(Anonym)*

Der Tod ist der Horizont unseres Lebens,
aber der Horizont ist nur das Ende unserer Sicht.

(Rudolf Nissen)

Die Zeit, Gott zu suchen,
ist das Leben.
Die Zeit, Gott zu finden,
ist der Tod.
Die Zeit, Gott zu besitzen,
ist die Ewigkeit.

(Franz von Sales)

Es ist schwer, einen geliebten Menschen zu verlieren,
doch die Erinnerung an das Glück der vergangenen Jahre soll
trösten und stark machen in der Finsternis der Verzweiflung.
Auch in dieser ist Gott bei uns.
Er gibt uns die Kraft und den Mut,
trotz allem vorwärts zu gehen.   *(Martin Luther King)*

**Licht am Ende
des Weges**
Wir wissen,
dass wir alle denselben Weg gehen werden.
Wir glauben,
dass dieser Weg nicht im Nichts enden wird.
Wir hoffen,
dass uns am Ende des Weges das Licht erwartet.
Und trotzdem trauern wir um alle,
die uns den Weg vorausgegangen sind.
Und trotzdem bangen und zagen wir,
diesen Weg selbst gehen zu müssen. *(Adolf Vallaster)*

Ich sagte zu dem Engel,
der an der Pforte stand:
„Gib mir ein Licht,
damit ich sicheren Fußes der
Ungewissheit entgegengehen kann."
Und er antwortete:
„Gehe nur in die Dunkelheit
und lege deine Hand in Gottes Hand.
Das ist besser als ein Licht
und sicherer als ein bekannter Weg." *(Aus China)*

Engel an der Pforte

Eine Straße muss ich gehen,
die noch keiner ging zurück.
(Aus Schuberts „Winterreise")

Die Ernte
eines Sommers
reift im Herbst,
die Ernte
eines Lebens
reift im Tode.
   (Nicodemus)

Ich glaube an die Sonne,
auch wenn ich sie nicht sehe.
Ich glaube an die Liebe,
auch wenn ich sie nicht spüre.
Ich glaube an Gott,
auch wenn ich ihn nicht erfahre. *(Aus dem Warschauer Getto)*

Trotzdem glauben

Aus der Heiligen Schrift

**Ruheplatz
am Waser**

Der Herr ist mein Hirte, nichts wird mir fehlen. Er lässt mich lagern auf grünen Auen und führt mich zum Ruheplatz am Wasser. *(Ps 23,1–2)*

Muss ich auch wandern in finsterer Schlucht,
ich fürchte kein Unheil; denn du bist bei mir. *(Ps 23,4)*

Der Herr ist mein Licht und mein Heil. *(Ps 27,1)*

Vater, in deine Hände lege ich meinen Geist. *(Lk 23,46)*

Herr, Jesus, nimm meinen Geist auf. *(Apg 7,59)*

Ich bin gewiss, zu schauen die Güte des Herrn im Land der Lebenden. *(Ps 27,13)*

Die mit Tränen säen, werden mit Jubel ernten. *(Ps 126,5)*

Gott hat die Welt so sehr geliebt, dass er seinen einzigen Sohn hingab, damit jeder, der an ihn glaubt, nicht zugrunde geht, sondern das ewige Leben hat. *(Joh 3,16)*

Ich bin das Licht der Welt. Wer mir nachfolgt, wird nicht in der Finsternis umhergehen, sondern wird das Licht des Lebens haben. *(Joh 8,12)*

Ich bin die Auferstehung und das Leben. Wer an mich glaubt, wird leben, auch wenn er stirbt, und jeder, der lebt und an mich glaubt, wird auf ewig nicht sterben. *(Joh 11,25–26)*

Ich bin überzeugt, dass die Leiden der gegenwärtigen Zeit nichts bedeuten im Vergleich zu der Herrlichkeit, die an uns offenbar werden soll. *(Röm 8,18)*

Gott hat den Herrn auferweckt; er wird durch seine Macht auch uns auferwecken. *(1 Kor 6,14)*

Wir wissen, dass der, welcher Jesus, den Herrn, auferweckt hat, auch uns mit Jesus auferwecken wird. *(2 Kor 4,14)*

Trauert nicht wie die anderen, die keine Hoffnung haben. *(1 Thess 4,13)*

Das Wort ist glaubwürdig: Wenn wir mit Christus gestorben sind, werden wir auch mit ihm leben. *(2 Tim 2,11)*

Gott wird alle Tränen von ihren Augen abwischen: Der Tod wird nicht mehr sein, keine Trauer, keine Klage, keine Mühsal. Denn was früher war, ist vergangen. *(Offb 21,4)*

Alle Tränen werden abgewischt

Ich bin unendlich geborgen, denn Du bist immer bei mir! Deine Nähe umgibt mich Tag und Nacht, Du meinst es auf ewig gut mit mir! *(Nach Psalm 23)*

Es kommt der Tag,
da bleibt stehen das Mühlrad,
da verstummen die Vögel,
da zerbricht die Schale,
da fällt das Rad zerbrochen in die Grube.
Der Mensch aber geht zurück zu Gott,
der ihm Atem gegeben.
Er kehrt heim in sein ewiges Haus. *(nach Kohelet 12)*

Tod, wie bitter ist es, an dich zu denken,
für den, der ruhig sein Heim bewohnt,
für den, der ohne Sorge ist,
in allem Erfolg hat
und noch kräftig genug ist,
die Lust zu genießen.
Tod, wie gut ist es, dass du auferlegt bist
für den betrübten
und kraftlosen Menschen,
für den, der strauchelt und überall anstößt,
der verzweifelt ist
und die Hoffnung verloren hat.

(Jesus Sirach 41,1–2)

Wie ein Weber
hast du mein Leben
zu Ende gewoben.
Du schneidest mich ab
wie ein fertig
gewobenes Tuch.

(Jesaja 38,12)

Aus Todesanzeigen

Die Wege,
die wir miteinander gingen,
die Stille,
die wir miteinander erlebten,
die Zeit,
die wir miteinander gestalteten,
die Gespräche,
die wir miteinander führten,
die Erinnerungen,
die uns bleiben,
sind Geschenke für uns.

Erinnerungen
sind
Geschenke

Jedes Leben ist in der Tat
ein Geschenk,
egal wie kurz,
egal wie zerbrechlich.
Jedes Leben ist ein Geschenk,
welches für immer in unseren Herzen weiterleben wird.

Mit dem Tod eines geliebten Menschen
verliert man vieles.
Es ist mehr als Erinnerung an dich,
du bist da, du bleibst da.
Wir tragen vieles von dir in uns.
Vieles aus deinem Leben wird erst spürbar
nach deinem Tod.
Christus hat uns nicht vom Leid erlöst,
sondern von der Sinnlosigkeit und der Verzweiflung.

... und immer sind da Spuren
deines Lebens.
Bilder, Augenblicke und Gefühle,
die uns an dich erinnern
und uns glauben lassen,
dass du bei uns bist.

wege
im nebel
ich sehe
nicht weit
was wartet auf mich?
fragt die angst
die zuversicht
schreitet vorwärts
die hoffnung
findet wege
durch alles hindurch

**Die Hoffnung
findet Wege**

Manchmal glauben wir,
dass du da bist und dich freust,
wenn wir beisammensitzen.
Manchmal wissen wir,
dass du nahe bist und uns hilfst,
wenn wir dich brauchen.
Manchmal meinen wir,
dass du da bist,
wenn wir dich in unseren Gedanken in die Mitte nehmen.
Deine Schritte sind verstummt,
doch deine Spuren sind überall.

Wir tragen vieles von dir in uns.
Vieles aus deinem Leben wird
erst spürbar seit deinem Tod.
Deine Schritte sind verstummt,
doch das Gefühl für dich,
dein Lächeln, die Erinnerung
an gemeinsam Erlebtes ist in uns.
Danke, dass es dich für uns gab.

**Gott ist
die Liebe**

Das letzte Wort
hat die Liebe, nicht der Hass,
die Vergebung, nicht die Schuld,
die Freude, nicht die Trauer,
das Lachen, nicht das Weinen,
das Leben, nicht der Tod.
Das letzte Wort hat Gott.
Und Gott ist die Liebe.

Heimat finden

Eines Menschen Heimat
ist auf keiner Landkarte zu finden,
nur in den Herzen der Menschen,
die ihn lieben.
Menschen, Taten und Dinge kommen und gehen.
Aber sie hinterlassen Spuren in den Herzen von Menschen,
die ihnen nah sind.

Auferstehen ist unser Glaube.
Wiedersehen unsere Hoffnung.
Gedenken unsere Liebe.

Am Ende steht nicht der Schmerz.
Am Ende stehst Du, Herr.

Ich gehe meinen Weg,   **Mein Weg**
vertrauend darauf, dass es kein Irrweg,
sondern ein Heimweg ist.

Ich gehe meinen Weg,
vertrauend darauf,
dass er mich nicht an ein Ende,
sondern an das Ziel führt.

Ich gehe meinen Weg,
vertrauend darauf,
dass, wenn ich gefragt werde,
wohin ich gehe, ich antworten kann:
Immer nach Hause.

Bleibt an meiner Seite,   **Bleibt an**
auf meiner Wegstrecke   **meiner Seite**
die ins Ungewisse führt.
Bleibt an meiner Seite, bis ich selbst
das Ziel erkennen kann.
Ihr, meine Liebsten,
bleibt an meiner Seite,
bis ich morgen
meinen Weg allein gehe.
Bleibt an meiner Seite,
und ich werde übermorgen
euch begleiten.

Leben wird gewandelt

Deinen Gläubigen, o Herr, wird das Leben gewandelt, nicht genommen. Und wenn die Herberge der irdischen Pilgerschaft zerfällt, ist uns im Himmel eine ewige Wohnung bereitet.

(Präfation)

Was ich geschaffen habe,
das segne du.
Was ich liebte,
das beschütze du.
Was ich wollte,
das vollende du.
Was ich versäumte,
das ergänze du.

Unsere Lieben wachsen,
wenn sie gegangen sind, in uns hinein,
werden Teil von uns,
geben uns ihre Liebe und Kraft.
Und am Ende bewahren
wir sie unsichtbar in uns.

Mama ist am Ziel ihres Weges angekommen.
Nun müssen wir unseren Weg
ohne sie weitergehen;
ohne sie, aber nicht ohne ihre Nähe,
ohne sie, aber nicht ohne ihre Liebe,
ohne sie, aber nicht ohne ihren Segen.

(Irmgard Erath)

Der Tod!
Schmerzlich – für die Angehörigen!
Ein Geschenk – für mich!
Schwarz und traurig – für die Freunde!
Erlösung – für mich!
Der Tod hat nichts Erschreckendes
mehr für mich!
Deshalb bin ich kein Grufti,
oder gar lebensmüde! Nein!
Ich lebe gerne, ich sehe den Tod
nur als ein Tor zu einer anderen Welt.
Zu einer Dimension, in der es auch mir
einmal so richtig gut geht.
Ein Tor zu einer Welt,
in der ich alle einmal wiedersehen werde,
die ich gern habe!
Und dann werden wir lachen!
So richtig lachen. Und es wird gut so sein!
        (Veronika, 18 Jahre, kurz vor ihrem Tod)

Ein Tor zu einer neuen Welt

Gute Menschen
gleichen Sternen.
Sie leuchten
noch lange
nach ihrem
Erlöschen.

Adressen

Internetadresse	Beschreibung, Inhalte
www.hospiz.at	Die österreichische Website mit Informationen über die einzelnen Begleitungs- und Palliativ-aktivitäten in Österreich, umfangreich und aktuell
www.palliativ.at	Österreichische Palliativgesellschaft OPG
www.iff.ac.at/pallorg	Institut für Interdisziplinäre Forschung und Fortbildung
www.dgpalliativmedizin.de	Deutsche Gesellschaft für Palliativmedizin (DPG)
www.hospizbewegung.de	Bundesarbeitsgemeinschaft für Begleitung zur Förderung von ambulanten, teilstationären und stationären Hospizen und Palliativmedizin, Verzeichnis von Begleitungsinitiativen
www.chv.org	Homepage des Christophorus-Vereins, umfang-reich, Online-Zeitung

Quellennachweis

S. 41: Huub Oosterhuis, ImVorübergehen © Verlag Herder, Freiburg i. Br., 2. Aufl. 1971

S. 75: Sabine Naegeli, Die Nacht ist voller Sterne © Verlag Herder, Freiburg i. Br., 3. Auflage 2004

S. 77f. aus: Dietrich Bonhoeffer, Widerstand und Ergebung © Chr. Kaiser/Gütersloher Verlagshaus GmbH, Gütersloh

S. 88: © Theresia Hauser, Germering

S. 117: Aufhebung, aus: Erich Fried, Beunruhigungen © 1984, NA 1997 Verlag Klaus Wagenbach, Berlin

Die Bibeltexte wurden der Einheitsübersetzung der Heiligen Schrift entnommen © 1980 Katholische Bibelanstalt, Stuttgart